인공지능과 고전 읽기

인공지능총서

인공지능 시대입니다. 기계가 인간의 인지를 대신하고, 사물이 인간을 통하지 않고 다른 사물과 직접 커뮤니케이션합니다. 이에 따른 인간 삶과 문명 변화를 정확히 이해 · 예측 · 대응하는 것은 이 시대 우리 모두의 과제입니다. 인공지능총서는 인공지능 기술과 환경의 여러 주제를 10가지 키워드로 정리합니다. 관련 개념과 이론, 학계와 산업계의 쟁점, 우리 일상의 변화를 다룹니다. 인간과 기술의 현재, 미래를 세심히 분석합니다.

일러두기

- 인명, 작품명, 저서명, 개념어 등은 한글과 함께 괄호 안에 해당 국가의 원어를 병기했습니다.
- 외래어 표기는 현행 어문규정의 외래어표기법을 따랐습니다. 다만 '딥러닝', '딥마인드', '딥페이크' 등은 관행을 따랐습니다.
- 이 책에는 "디지털 맵핑을 통한 구운몽 연구 및 교육적 활용"(≪열상고전연구≫ 69집), "딥러닝을 활용한 경판 방각본 소설의 유형 고찰"(≪국제어문≫ 84집), "고전소설 연구 경향 고찰을 위한 디지털 분석방법론 탐색"(≪국제어문≫ 90집), "국문장편소설의 디지털 큐레이션 방안 고찰"(≪한국고전여성문학연구≫ 45집), "디지털 분석기법을 활용한 고전소설의 이본 연구"(≪어문연구≫ 50권 4호), "딥러닝 분석을 통한 영웅소설의 유형론 재고찰"(≪우리문학연구≫ 75집), "고전문학과 디지털 인문학 융합연구의 경향과 관계"(≪다문화콘텐츠연구≫ 45집), "확산모델을 활용한 고전문학 교육의 가능성과 의미 고찰"(≪우리문학연구≫ 78집), "생성형 AI를 활용한 고전소설 교육방안 모색"(≪돈암어문학≫ 44집), "국문장편소설 감정 데이터 모델링의 현실적 방안 고찰"(≪민족문학사연구≫ 84호) 등에서 발췌하고 수정한 내용이 포함되어 있습니다.

인공지능과 고전 읽기

강우규

대한민국, 서울, 커뮤니케이션북스, 2024

인공지능과 고전 읽기

지은이 강우규
펴낸이 박영률

초판 1쇄 펴낸날 2024년 11월 22일

커뮤니케이션북스(주)
출판 등록 2007년 8월 17일 제313-2007-000166호
02880 서울시 성북구 성북로 5-11
전화(02) 7474 001, 팩스(02) 736 5047
commbooks@commbooks.com
www.commbooks.com

ISBN 979-11-7307-170-6 03500

책값은 뒤표지에 표시되어 있습니다.

차례

인공지능 시대 고전소설 연구와 교육

인공지능(Artificial Intelligent)은 1950년대부터 시작되었다. 그러나 오늘날 대중들은 인공지능이라고 하면 챗지피티(Chat-GPT)와 같은 생성형 AI(Generative AI)를 먼저 떠올린다.

생성형 AI는 2014년 적대적 생성 모델(GAN, Generative Adversarial Networks)이 소개되면서 주목받기 시작한 인공지능이다. 적대적 생성 모델은 서로 다른 두 개의 네트워크를 적대적으로(adversarial) 학습시켜 실제 데이터와 비슷한 데이터를 생성(generative)해 내는 모델이며, 이렇게 생성된 데이터에 정해진 라벨(label) 값이 없기 때문에 비지도 학습 기반 생성 모델로 분류된다.

이러한 생성형 AI는 인공지능의 한 유형으로, 주어진 입력 데이터나 지침을 기반으로 새로운 콘텐츠, 정보 또는 작품을 생성하는 데 사용되는 기술을 이야기한다. 기존 딥러닝 기반 인공지능 기술이 단순히 기존 데이터를 기반으로 예측하거나 분류하는 정도였다면, 생성형 AI는 이용자가 요구한 질문이나 과제를 해결하기 위해 스

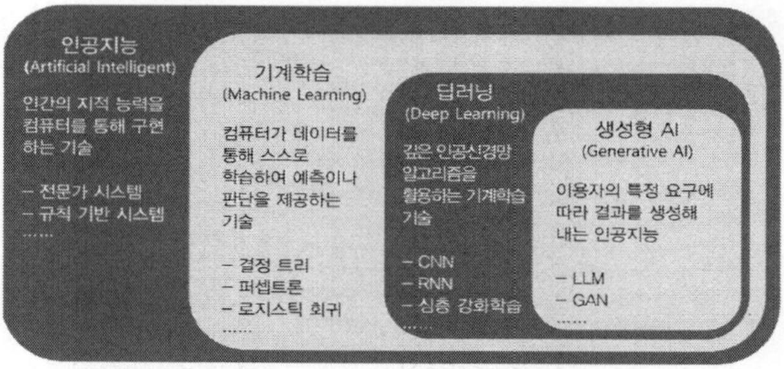

그림 0-1. 인공지능, 기계학습, 딥러닝, 생성형 AI의 관계.

스로 데이터를 찾아서 학습하고 이를 토대로 능동적으로 데이터나 콘텐츠 등 결과물을 제시하는, 한 단계 진화한 AI 기술이라 할 수 있다. 즉 생성형 AI는 1950년대부터 시작된 인공지능의 역사에서 가장 최근에 개발되어 현재의 인공지능을 대표하는 새로운 기술인 것이다.

현재는 생성형 AI가 대세이지만, 생성형 AI가 인공지능의 전부를 대표하는 것은 아니다. 인공지능은 보다 포괄적인 의미망 속에서 활용되고 있고, 생성형 AI는 그중 일부에 해당하는 것이다.

인공지능의 영역은 전문가 시스템(Expert System), 규칙 기반 시스템과 같이 인간의 지식을 컴퓨터가 이해할 수 있는 기호로 표시하고, 이를 바탕으로 논리, 검색,

문제 표현 등을 처리하는 '기호적 처리 방식'과 기계학습(Machine Learning)과 같이 인간 지식을 최소한만 알려주거나 생략하고 컴퓨터가 주어진 데이터를 기반으로 자동 분석을 진행하는 '비기호적 처리 방식'으로 구분된다. 다층의 신경망을 이용한 학습 방법인 딥러닝은 다양한 기계학습 방식 중의 하나이고, 생성형 AI는 딥러닝을 기반으로 주어진 입력 데이터나 지침에 따라 새로운 콘텐츠, 정보 또는 작품을 생성하는 기술이다(강우규 외, 2024).

인공지능 시대 고전소설의 연구와 교육에 활용되는 인공지능은 가장 포괄적인 의미의 인공지능, 즉 '인간의 지적 능력을 컴퓨터를 통해 구현하는 기술'을 이야기한다. 즉 이 책에서 인공지능은 딥러닝, 생성형 AI를 포함해 고전소설 연구와 교육에 활용된 디지털 분석 기술을 통칭하는 용어로 사용한다.

인공지능과 고전소설 연구

고전소설은 과거의 산물이다. 고전소설은 이제 더 이상 새롭게 산출되는 문학 작품이 아니다. 오래된 가문의 문중에 보관되어 있던 미공개 작품이 정말 가끔 공개되기는 하지만 이는 극소수에 불과하고 대부분은 이미 연구된 작품의 이본(異本)일 뿐이다.

이렇게 한정된 텍스트를 바탕으로 고전소설의 가치와 의미를 밝히는 연구가 꾸준히 이루어졌다. 그러다 보니 이제는 연구가 되지 않은 작품 찾기는 불가능에 가깝다. 더욱이 "몇몇 작품들은 아예 신성불가침의 영역으로 들어가 버렸고, 그래서 더 이상 논의가 잘 이루어지지 않는다. 이루어져도 이미 우수한 작품이라고 거듭 평가했던 작품을 미세한 지점을 찾아서라도 더더욱 우수하다고 평가하는 일이 되는 경우가 많다. 이러한 작품들은 이미 연구논문이 작품당 수백 편이 제출되어 지금까지 무엇이 논의되었는가를 정리하는 것조차 버거울 정도다. 그 결과 최근에는 해당 작품을 정면에서 논의하거나 선행 연구를 비판하는 논쟁적 연구가 상당히 드물어졌다."(조현우, 2020) 이렇게 신성불가침의 영역에 들어간 작품의 예로 〈춘향전〉, 〈구운몽〉, 〈홍길동전〉 등을 들 수 있다. 이 중 〈춘향전〉을 키워드로 학술연구정보서비스(RISS)에서 논문을 검색하면 2024년 8월 기준 학위논문 622건, 학술논문 1113건, 도합 1735건의 연구 결과를 찾아볼 수 있다. 연구자 개인이 모든 연구를 검토해 연구 주제를 선정하는 것이 불가능할 정도로 많은 연구가 진행된 것이다(강우규 · 이기성, 2021).

하지만 모든 각도에서 〈춘향전〉에 대한 연구가 완벽히 이루어져서 더 이상의 연구가 불필요하다고 단언할 수는 없다. 〈춘향전〉이 창극, 무성 영화, 유성 영화, 만화, 드라마, 디지털 애니메이션, 웹툰, 웹드라마, 게임, 축제 등 다양한 장르에서 꾸준하게 그리고 새롭게 재해석되고 있다는 것은 그 반증이라 할 수 있다.

인문학적 방법론을 통해서 그동안 살펴본 것 외에도 또 다른 시각에서 고전소설을 바라볼 여지는 충분히 있다. 이러한 측면에서 인공지능은 고전소설을 바라볼 수 있는 또 다른 시각을 제공해 줄 것이다.

잘파(Zalpha)세대와 고전소설 교육

최근 'MZ세대'에 이어서 '잘파(Zalpha)세대'가 주목받고 있다. MZ세대가 밀레니얼 세대(1981～1996)와 Z세대(1997～2012)를 통틀어 지칭하는 신조어라면, 잘파세대는 Z세대와 알파(Alpha)세대(2010～)를 묶어서 지칭하는 신조어다. 밀레니얼 세대가 아날로그 환경에서 태어나 디지털 환경에 적응한 세대라면, Z세대는 인터넷이 없는 세상을 단 한 번도 경험해 본 적 없는, 디지털 기기가 익숙한 환경에서 태어나고 자란 '디지털 원어민(Digital Natives)'을 말하며, 이들은 이제 AI 환경에 적응해 가는 세대라 할 수 있다. 그리고 알파세대는 인공지능 스피커와 대화화면서 자라나 '인공지능 원어민(Artficial Inteligent Natives)'이라고도 불리는 세대다.

2025년부터 교육부는 이러한 잘파세대를 대상으로 AI 디지털 교과서를 도입할 계획이다. 2025년부터 수학 · 영어 · 정보 · 특수(국어) 교과에 대해 초등 3~4학년, 중 · 고 1학년에 AI 디지털 교과서를 전면 도입할 예정이며, 2028년부터 모든 과목으로 그 범위를 확대한다고 한다. 이러한 AI 디지털 교과서의 도입은 학생 수준별 교육 및 학생 맞춤형 교육을 실시해 교육의 효과를 높인다는 목적에서 추진되고 있다. 하지만 AI 디지털 교과서 도입에 대해 많은 우려가 제기되고 있는 것도 사실이다. AI 디지털 교과서의 교육적 효과에 대한 제대로 된 검증이 이루어지지 않았고, 학교 현장 및 현실에 대해 충분한 논의가 이루어지지 않은 상태에서 정책이 추진되고 있다는 것이다.

그렇지만 언제 도입되는가의 문제일 뿐 문명사적 흐름 속에서 AI 디지털 교과서의 도입은 막을 수 없을 것이다. AI를 활용한 교육은 이제 더 이상 미래가 아니며, 거스를 수 없는 현실이다.

이제 고전소설 교육도 잘파세대를 대상으로 한다.

2024년 현재 대학에서 고전소설을 배우는 학생들은 디지털 원어민이자 AI 환경에 적응해 나가는 세대다. 이들은 모두 중 · 고등학생 때부터 의무적으로 소프트웨어 교육을 받아서 기본적인 디지털 문해력을 갖춘 학생들이기도 하다. 그런데 이들은 중고등학교 시절에 고전소설을 지식 습득의 대상인 '고전'으로만 배운 세대이기도 하다. 따라서 대부분 고전소설 작품을 완독한 경험이 거의 없고, 알고 있는 고전소설 작품의 수도 매우 적다. 이들은 문자가 아닌 디지털 미디어로 고전소설을 접하는 경우가 더 많다.

오늘날 대학의 고전소설 교육은 이러한 잘파세대의 특성을 고려할 필요가 있다. 그리고 고전소설이 '고전'이기만 한 것이 아니라 '소설'이라는 점, 고전소설이 어렵고 딱딱하고 쓸모없는 이야기가 아니라 오늘날에도 통용될 가치를 지닌 생동감 있는 문학 작품이라는 점을 교육할 필요가 있다.

고전소설 교육에서 인공지능의 활용은 잘파세대의 특성을 반영한 방안이 될 것이다. 인공지능을 활용한 고전소설 교육은 잘파세대에게 고전소설을 문학 작품으로 향유하는 유의미한 경험을 제공해 고전소설에 대한 흥미를 유발할 방안이 될 것이다.

이 책의 구성

이 책은 고전소설 연구와 교육의 현장에서 인공지능을 활용한 사례들을 담고 있다. 이러한 사례들은 고전소설 연구와 교육에 활용된 인공지능의 유형 및 범위에 따라서 '디지털 분석과 고전소설', '딥러닝 분석과 고전소설', '생성형 AI와 고전소설'의 세 파트로 구분된다.

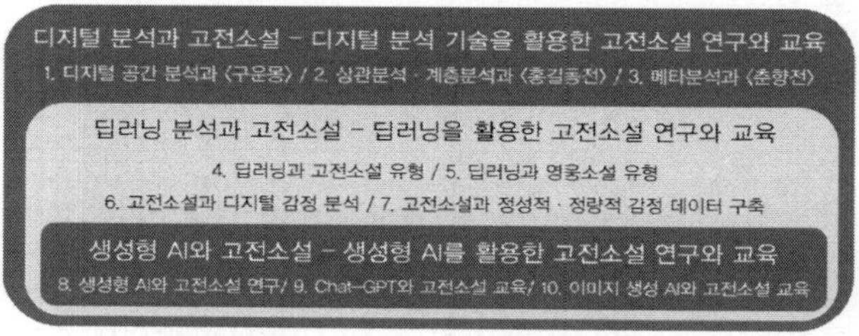

그림 0-2. 이 책의 구성.

먼저 '디지털 분석과 고전소설' 파트는 딥러닝이나 생성형 AI를 제외한 인공지능, 즉 디지털 분석 기술을 활용해 고전소설을 연구하고 교육한 사례를 담고 있다. 이는 디지털 공간 분석, 디지털 상관분석 및 계층분석, 텍스트 마이닝 및 메타분석 등의 분석 방법론에 따라서 다시 세 파트로 나누어 구성했다. 하나는 문화지리 방법에 따라서 〈구운몽〉의 공간을 고증해 디지털 지도인 구글맵

(Google Maps)에 구현하고, 이를 통해 〈구운몽〉의 문학 공간이 지닌 의미를 파악한 내용이고(1장), 다른 하나는 디지털 언어분석 방법 중 상관분석과 계층분석을 활용해 〈홍길동전〉 이본들의 관계를 분석한 내용이며(2장), 마지막은 빈도분석, 네트워크분석, 시계열분석 등의 텍스트마이닝 기법을 활용해 〈춘향전〉 연구논문의 메타데이터를 분석하고 〈춘향전〉에 대한 연구 경향을 파악한 내용이다(3장).

다음으로 '딥러닝 분석과 고전소설' 파트는 인공지능의 딥러닝 분석 기술을 활용한 고전소설 연구와 교육에 관한 내용을 담고 있다. 이는 딥러닝 분석 내용 및 적용 대상에 따라서 다시 네 파트로 나누어 구성했다. 첫 번째는 딥러닝 기법을 활용해 방각본 고전소설의 유형을 분류한 것이고(4장), 두 번째는 동일 방식을 활용해 방각본 영웅소설의 하위 유형 분류를 검토한 것이다(5장). 세 번째는 딥러닝 기법을 활용해 다양한 감정 데이터셋 기반의 감정 식별 모델을 구축하고 고전소설의 감정을 정량적으로 식별해 분석하는 내용이고(6장), 네 번째는 고전소설의 감정 데이터를 정량적 · 정성적으로 구축하고 분석해 고전소설에 더 적합하고 정확도도 높은 감정 식별 모델을 구축해 보려고 시도한 내용이다(7장).

마지막으로 '생성형 AI와 고전소설' 파트는 생성형 AI를 활용한 고전소설 연구와 교육에 관한 내용을 담고 있다. 이러한 세 번째 파트는 생성형 AI의 유형 및 적용 범위에 따라서 다시 세 파트로 나누어 구성했다. 첫 번째는 생성형 AI를 활용해 고전소설을 연구한 사례에 대한 내용이고(8장), 두 번째는 생성형 AI 중에서 챗지피티와 같은 언어 생성 모델을 활용해 고전소설을 교육하는 방안을 탐구한 내용이다(9장). 마지막은 생성형 AI 중 이미지 생성 모델을 활용해 고전소설을 융합적으로 향유할 수 있는 방안을 모색한 내용이다(10장).

인공지능을 활용한 연구와 교육은 먼 미래의 일이 아니고 엄연한 현실이 되었다. 고전문학 영역에서 인공지능은 아직 생소하지만, 그렇다고 해서 시대적 흐름을 피해 갈 수 없을 것이다. 이 책은 이러한 시대적 흐름 속에서 고전소설 연구와 교육의 돌파구를 마련하려는 고전소설 전공자의 노력을 담고 있다.

참고문헌

강우규 외(2024). 『인공지능 데이터해석학』. 태학사.

강우규 · 이기성(2021). 고전소설 연구 경향 고찰을 위한 디지털 분석방법론 탐색－'춘향 서사'를 중심으로－. ≪국제어문≫, 90집, 239～266.

조현우(2020). 고소설 연구의 '현재'로 보는 '미래' – 실용적 인문학으로서의 고소설 연구를 위하여. ≪古典文學硏究≫, 58권, 231~262.
한국교육학술정보원(2023). AI 디지털교과서 개발 가이드라인. https://www.keris.or.kr/main/ad/pblcte/selectPblcteETCInfo.do?mi=1142&pblcteSeq=13722

01
디지털 공간 분석과 〈구운몽〉

〈구운몽〉 대표 이본들에 나타난 공간명을 비교 검증하고 문학지리적으로 고증해 디지털 맵에 구현했다. 실제 지형지리 공간, 실제 지형지리와 역사문화적 전고를 결합한 공간, 역사문화적 전고와 허구적 상상력을 결합한 공간으로 유형화되는 〈구운몽〉의 공간은 현실세계와 가상세계가 상호작용하는 공간으로 이해된다. 이러한 상호작용성은 텍스트와 독자와의 상호작용으로 이어져 〈구운몽〉은 움베르트 에코가 말한 '경배의 대상(Cult object)'이 되었다.

〈구운몽〉 디지털 지도 그리기

〈구운몽〉은 수많은 연구가 진행된 한국의 대표적인 고전소설이다. 〈구운몽〉의 문학 공간은 매우 광범위하며 상세하다. 지상계뿐만 아니라 선계와 수중계 그리고 명계에 이르기까지 인간의 생각이 미치는 모든 공간이 망라되어 있다(신태수, 2006). 그러면서도 남주인공 양소유의 여정, 여주인공들의 출생지와 이동 경로 등은 지도 위에 점을 찍어 두기에 부족함이 없을 정도로 구체적이고 실제적으로 그려진다.

〈구운몽〉 디지털 지도는 이러한 문학 공간을 문화지리의 장소 고증 방법을 바탕으로 분석하고 디지털 좌표에 연결해 구글맵(Google Maps)에 구현한 것이다. 〈구운몽〉 디지털 지도는 〈구운몽〉의 공간을 단순히 디지털 맵에 재현하기만 한 것이 아니라, 그 공간이 문학에서 어떠한 성격을 지니고 있는지, 그리고 문학 텍스트의 이해에 어떤 역할을 하는지 알 수 있도록 구현한 것이다. 이를 통해 파악된 〈구운몽〉의 공간은 문화지리의 방법에 따라 고증이 가능한 '실제' 공간, '실제' 공간에 역사적 · 문학적 전고(典故)를 결합한 '실제&전고'의 공간, 허구적 상상력과 문학적 전고를 결합한 '전고&허구'의 공간으로 구분된다. 이러한 공간의 스토리텔링은 실제 천하

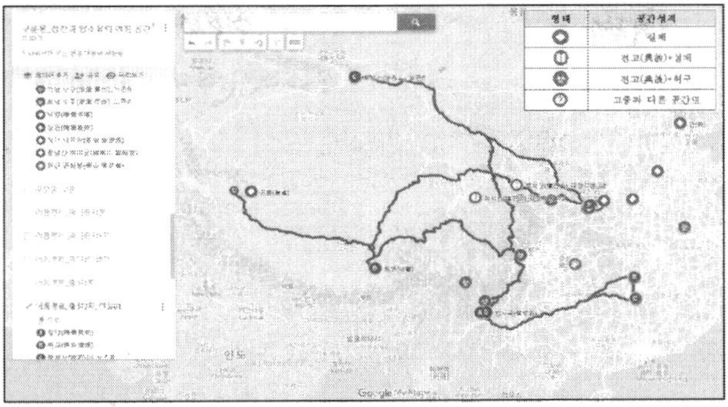

그림 1-1. <구운몽> 디지털 지도

지도 제작의 책임자였던 김만중의 지형지리적 성찰과 소설가적 자의식에 가반한다.

〈구운몽〉 공간의 스토리텔링

양소유와 성진의 세계는 대칭적인 관계로 설정되어 있다. 성진의 현실공간은 양소유에게 초월공간이고, 양소유의 현실공간은 성진에게 가상공간이다. 또 양소유의 세계는 '실제' 공간이고, 성진의 세계는 '실제&전고' 공간이다. 그리고 양소유가 토번을 정벌하면서 꾼 꿈의 공간, 즉 양소유와 성진의 세계가 접점을 이루는 공간은 '실제&전고'와 '전고&허구'의 공간이 결합되어 실제이자 허구인 공간의 성격을 보여 준다. 양소유의 세계와 성진의 세계, 그리고 양소유와 성진의 세계가 만나는 공간의 성격을 명확하게 구분하는 공간의 스토리텔링을 보여 주는 것이다.

구체적으로 '실제' 공간은 회남 수주, 화음현, 낙양, 장안 등등 '양소유가 현실로 인식하는 공간'으로만 설정되어 있다. 이러한 "실제" 공간은 당대의 지형지리에 대한 명확한 이해를 바탕으로 설정된 공간이다.

'실제&전고'의 공간은 연화봉, 동정호, 남전산, 종남산을 통해 형상화된다. 먼저 남전산과 종남산은 양소유의 '현실 세계이지만, 양소유가 초월적으로 인식하는 공간'이다. 남전산은 양소유가 피란(避亂)하여 신선으로부터 음률을 배우는 곳이고 종남산은 양소유가 가춘운을 처음 만나서 선녀로 오해하는 곳으로, 양소유의 입장에서 현실적이면서도 세속과 단절된 초월적 공간의 성격을 지니고 있다.

다음으로 형산 연화봉과 동정호는 중국에 실재하는 곳이면서도 〈구운몽〉 이후 다양한 고전소설 작품에서 그려지는 대표적인 초월 공간이다. 그런데 〈구운몽〉에서 연화봉과 동정호는 성진의 현실(㉠)이자 양소유의 꿈속 세계(㉡)로 설정된다.

㉠의 연화봉과 동정호는 환몽구조의 측면에서 성진의 현실 공간이고, 환생구조의 측면에서 양소유의 전생과 후생의 세계로서 초월 공간이다. ㉡의 연화봉과 동정호는 양소유 세계의 현실과 초월, 성진 세계의 현실과 가상이 각각 접점을 형성하는 공간으로 양소유와 성진 세계의 연결점이다. 그래서 양소유와 성진 모두에게 현실이자 가상, 가상이자 현실인 상호작용적 공간의 성격을 지닌다.

성진의 입장에서 ㉡의 연화봉과 동정호는 가상의 세계여야 한다. 하지만 양소유가 만난 꿈속의 노승은 성진의 스승인 육관대사이고, 따라서 육관대사가 거주하는 ㉡의 연화봉은 성진의 현실세계인 ㉠의 연화봉이다. 부정의 부정은 긍정이며 꿈속의 꿈은 곧 현실 공간과 연결된다는 논리가 작동하는 것이다(정병설, 2010). 그런데 ㉡의 동정호는 똑같이 꿈속의 꿈에 등장하는 공간이지만 성진에게는 가상의 공간이다. ㉡의 동정호에 거주하는 용왕은 팔선녀의 환생 중 한 명인 백능파의 부친으로 꿈속의 가상 인물일 뿐이다. 성진에게 술을 권하던 현실 속 동정호의 용왕과는 다른 인물인 것이다.

양소유의 입장에서 ㉡의 연화봉은 꿈속 세계이자 초월 공간이다. 환생구조의 측면에서 주인공이 꿈을 통해

원래 자신이 있던 곳을 다녀오는 것으로 파악할 수 있는 것이다. 하지만 ㉡의 동정호는 꿈속 세계이자 초월 공간인 것은 맞지만 동시에 현실이기도 하다. 동정호 용왕의 딸인 백능파가 꿈속의 인물임과 동시에 양소유와 인연을 맺는 현실 속 인물이기 때문이다.

따라서 ㉡의 연화봉과 동정호는 동일한 위계에 있으면서도 서로 상이한 성격을 지닌다. 두 공간의 서로 다른 성격은 환생구조의 논리이든 환몽구조의 논리이든 모순된 지점들을 야기한다. 지상계로 적강한 팔선녀 중 한 명이 초월계에 존재하다가 지상계에 편입된다는 것은 환생구조의 논리적 모순을 야기하고, 꿈속 꿈의 공간 중 한 곳은 현실인데 다른 한 곳은 가상이라는 점은 환몽구조의 논리적 모순을 야기하는 것이다.

이러한 ㉡의 연화봉과 동정호의 논리적 모순은 '전고&허구'로 설정된 공간의 경계성과 연결되어 있다. '전고&허구' 공간은 적석산, 백룡담, 반사곡 등으로, 〈구운몽〉에서 양소유가 토번을 정벌하는 경로에 딱 한 번 설정된다. 이는 문학적 전고와 심상 지리적 인식이 반영된 공간으로, 중심부와 주변부의 경계 공간이자 현실과 비현실이 공존하고 유교 이데올로기의 구현과 일탈이 허용되는 공간이다(강우규 · 이명현, 2016). 따라서 반란의 토벌이라는 이데올로기적 서사와 양소유와 심요연·백능파의 에로틱한 서사가 공존하는 것이다.

'전고&허구' 공간의 경계성은 연화봉이 『산해경』에서부터 발견되는 상상지리의 공간이자, 역사적으로 유교와 불교, 도교의 공간경계역이라는 인문지리적 특성을 지니는 것과 연결된다. 연화봉은 그 자체가 실제이면서도 가상이며 유불도 사상들의 경계역으로서, 독자들이 자신이 만나고 싶은 시간과 조우하고 자신의 처지에 공감하는 이야기를 마주하게 되는 공간이다(김수연, 2014). 이러한 공간의 경계성에 기반해 양소유와 성진의 세계, 더 나아가 작품과 독자가 상호작용할 수 있는 접점이 형성되는 것이다.

공간의 상호작용과 텍스트 해석의 다층성

〈구운몽〉이 보여 주는 공간의 스토리텔링은 현대 대중서사와 접점을 형성하는 특징이다. 이는 〈구운몽〉이 종종 1999년에 처음으로 개봉된 영화 〈매트릭스〉 시리즈와 비교되는 점에서도 알 수 있다. 〈구운몽〉과 〈매트릭스〉가 시대와 문화를 초월해 비교 대상이 되는 것은 꿈을 모티프로 활용해 꿈과 현실의 관계성을 구현하는 공간의 스토리텔링 방식에서 두 작품이 닮았기 때문이다.

〈구운몽〉은 "현실-꿈-현실"의 액자식 구성 또는 환몽구조를 지닌 작품으로 파악된다. 그런데 〈구운몽〉에서 현실은 이상적이고 환상적인 세계로 형상화되고, 꿈이 실제적이고 현실적인 세계로 형상화됨으로써 '현실'과 '꿈'의 공간적 성격이 역전되어 있다. 〈구운몽〉에 구현된 꿈과 현실의 관계 및 공간적 성격은 〈매트릭스〉에도 동일하게 구현되고 있다. 〈매트릭스〉에서 현실은 AI가 인간을 에너지원으로 활용하는 2199년의 미래 사회다. 이러한 현실 속에서 AI의 에너지원이 된 인간은 매트릭스라는 프로그램에 의해서 만들어진 1999년의 가상현실을 실제로 여기며 살아간다. 즉 AI의 통제를 받는 인간들에게는 꿈속 세계가 실제적이고 현실적인 세계인 것이다. 이원적 공간 구성을 바탕으로 두 작품은 주인공들이 "현실이 곧 꿈이다"라는 깨달음을 얻기 전까지 꿈속 공간을 현실 무대로 여기면서 살아가도록 만들고, 현실과 가상의 경계를 모호하게 만듦으로써 독자 또는 관객들에게 작품을 진정으로 이해하기 위한 고민을 남긴다.

〈구운몽〉과 〈매트릭스〉의 공간 구성이 보여 주는 이러한 공통점은 〈구운몽〉의 현실과 가상이 상호작용적인 성격을 갖는다는 것을 의미한다. 여기에서 상호작용적인 성격은 두 가지 의미를 내포한다. 현실과 가상이 서로 작용을 미치고 다시 자신도 영향을 받는다는 것이 첫 번째 의미이고, 두 공간의 상호작용에 따라서 작품(또는 작가)과 독자가 상호작용한다는 것이 두 번째 의미다. 첫째 의미의 상호작용은 스토리텔링 방식의 측면이고, 둘째 의미의 상호작용은 스토리텔링 효과의 측면이라고 볼 수 있다.

〈구운몽〉에서 현실과 가상의 상호작용은 형산 연화봉과 동정호를 통해 확인할 수 있다. 앞서 언급한 바와 같이 형산 연화봉과 동정호는 꿈속의 꿈, 모순 속의 모순이라는 설정을 통해 경계성을 구현하는 공간으로 형상화된다. 이러한 공간의 경계성은 환몽구조와 환생구조의 중첩성, 현실과 가상 구분의 모호성 등으로 나타난다.

기본적으로 환생구조와 환몽구조에서 현실과 초월공간, 현실과 가상공간의 이원적 세계는 그 성격이 분명히 분리되며 일방향적인 관계에 놓인다. 환생구조의 작품들은 '천상계 → 인간으로의 적강 → 속세에서의 난항(難行)과 업고(業苦) → 부귀와 영화 → 선계 또는 천상으로의 회귀'라는 원형적인 작품 결구를 지니고 있는데, 지상계는 천상적인 주재자의 의도에 따라 미리 설계된 공간일 뿐이다(이상택, 2003). 즉 초월 공간의 원리가 지상공간에 실현되는 일방향적 관계일 뿐이다. 환몽구조의 현실과 가상공간 역시 일방향적 관계에 놓여 있다. 환몽구조 속 꿈은 현실의 깨달음을 위한 가상의 이야기일 뿐이기 때문이다.

하지만 〈구운몽〉은 환몽구조와 환생구조의 중첩을 통해 초월계와 지상계, 현실과 가상(꿈)의 세계를 양방향성을 지닌 공간으로 형상화한다. 양소유의 꿈속 형산 연화봉과 동정호라는 공간에서 살펴볼 수 있는 환몽구조와 환생구조의 중첩성은 각각의 논리에 모순을 남기고, 이러한 모순은 두 공간이 상호작용하는 양상을 드러낸다. 즉 형산 연화봉과 동정호는 양소유의 세계와 성진의 세계가 연결되어 상호작용하는 공간이며, 이러한 상호작용의 결과 두 공간은 양소유와 성진 모두에게 꿈이면서도 현실인 공간이 되는 것이다.

현실과 가상공간의 상호작용은 꿈에서 깬 성진이 인간 세상에 윤회할 일을 하룻밤 꿈으로 꾸었다고 말하는 것에 대해, "어느 것이 꿈이고 어느 것이 현실인지 누가 알겠느냐? (중략) 성진과 소유, 둘 중에 누가 꿈이고 누가 꿈이 아니냐"라고 되묻는 육관대사의 가르침에서도 확인할 수 있다. 성진이 가상공간의 경험을 통해 세속적 삶의 무상함을 깨닫는 것이 두 세계의 일방향성이라면, 꿈과 현실을 구분하는 것 자체가 아직 깨달음을 얻지 못한 것이라는 육관대사의 가르침은 두 세계의 쌍방향성, 즉 상호작용적 특징을 보여 주는 것이다(김탁환, 2004). 이러한 현실과 가상공간의 상호작용은 다시 작품과 독자와의 상호작용을 이끌어 내고, 이를 통해 독자들은 〈구운몽〉을 다양하게 해석하게 된다.

〈구운몽〉은 작품의 전모를 파악하려 하면 할수록 본모습을 감추도록 설계되어 있다고 파악된다(정길수, 2010). 그만큼 작품을 제대로 이해하기 위해서 독자들이 끊임없이 고민할 수밖에 없는 작품이라는 것이다. 〈구운몽〉이 유교적, 도교적, 불교적인 주제로 다양하게 해석되고, 한편으로 일부다처 로맨스, 팔선녀전 등으로도 읽혔다는 것 역시 작품 성격에 대한 독자들의 고민을 대변해 준다.

물론 〈구운몽〉에 대한 독자들의 고민이 현실과 가상의 공간 스토리텔링에서만 기인하는 것은 아니다. 〈구운몽〉은 동시대의 다른 소설들에 비해 절대적으로 우세한 전고 인용을 보여 줌으로써, 소설을 지적이고 심미적인 대상으로 인식하고자 했던 김만중의 소설가적 자의식을 담아낸 작품이며(최기숙, 1999) 이러한 〈구운몽〉의 풍부한 담론 생산성은 독자들의 지적 흥미를 더욱 자극하는 기능을 수행했을 것이다. 상호작용적인 공간의 스토리텔링, 수많은 차용을 통한 풍부한 담론 생산성 등으로 대변되는 〈구운몽〉의 특징들은 독자들로 하여금 작가의 말을 수동적으로 받아들이는 것이 아니라 능동적이고 적극적으로 텍스트 해석에 참여하며 텍스트와 활동적인 관계를 맺도록 한 것이다. 이러한 상호작용의 결과 〈구운몽〉은 수많은 이본으로 재생산되었고, 후대 고전소설에서 다양한 방식으로 활용되었다. 노존A, B본, 규장각본 등의 선본 계열을 제외하고도, 비선본 계열로 불리는 이본은 수백 종이 넘게 생산되었고, 그 과정 속에서 다양한 서사적 · 주제적 변주가 이루어졌다(엄태웅, 2018). 또한 〈구운몽〉은 소재, 작중 인물, 작중 인물의 대사, 작중 화자의 서술 등 다양한 방식으로 후대 소설에서 활용되었을 뿐만 아니라 시조 · 가사 · 민속극 · 민화 등 소설이 아닌 여타의 장르에까지 광범위하게 수용되고 향유되었다. 나아가 〈구운몽〉은 현대적으로도 계승 · 변주되고 다양한 방식으로 다시 쓰기가 이루어졌으며, 아직까지도 많은 연구자의 관심 속에 새로운 해석이 시도되고 있다.

움베르트 에코(Umberto Eco)는 하나의 작품이 경배의 대상(컬트 영화)이 되기 위해서는 그 작품이 분해, 재배치, 해체될 수 있어야 한다고 주장하며, 그 이유를 경배의 대상이 되는 작품은 광범위한 이전 작품들에서 끌어온 인용, 원형, 암시, 그리고 참조를 통해 만들어지기 때문이라고 했다(Jenkins, 2006). 이러한 관점에서도 〈구운몽〉은 경배의 대상으로 불리기에 손색이 없다. 〈구운몽〉은 상호작용적인 꿈과 현실의 공간 설정, 수많은 차용 등 풍부한 담론생산성을 통해서 독자들의 지적 호기심을 자극하고 유지시키는 열린 구조물이며, 독자들의 능동적이고 적극적인 참여 속에 끊임없이 분해, 재배치, 해체되면서 후대의 수많은 작품에 영향을 주고 있는 상호작용적 텍스트인 것이다.

참고문헌

강우규(2020). 스토리텔링 관점에서 본 〈구운몽〉의 현대적 가치. ≪온지논총≫, 64호, 59~84.

강우규 · 김바로(2019). 디지털 맵핑(Mapping)을 통한 〈구운몽〉 연구 및 교육적 활용. ≪열상고전연구≫, 69집, 217~247.

강우규 · 이명현(2016). 국문장편소설에 나타난 반란의 공간과 경계의 환상성 – 〈소현성록〉 연작과 〈현몽쌍룡기〉 연작을 중심으로. ≪우리문학연구≫, 52집, 191~212.

김수연(2014). 남악 형산, 유불도 인문지리의 공간경계역. ≪고전문학연구≫, 45권, 31~57.

김탁환(2004). 디지털시대의 고소설과 이야기문학의 미래. ≪고소설연구≫, 17집, 5~28.

신태수(2006). 〈구운몽〉에 나타난 대칭적 세계관. ≪한민족어문학≫,

48집, 123~154.
엄태웅(2018). 『대중들과 만난 구운몽』. 소명출판.
이상택(2003). 『한국고전소설의 이론 I 』. 새문사.
정길수(2010). 『구운몽 다시 읽기』. 돌베개.
정병설(2010). 『구운몽도』. 문학동네.
최기숙(1999). 『17세기 장편소설 연구』. 도서출판 월인.
Jenkins, H.(2006). *Convergence Culture: Where Old and New Media Collide.* New York University Press. 김정희원 · 김동신 옮김(2008), 『컨버전스 컬쳐: 올드 미디어와 뉴 미디어의 충돌』, 비즈앤비즈.
〈구운몽〉 디지털 지도.
https://www.google.com/maps/d/u/0/edit?mid=1bt8g4nEy8PF0oXzf9YKSPbl49erRvVg&usp=sharing

02
상관분석·계층분석과 〈홍길동전〉

최초의 한글 소설로 알려진 〈홍길동전〉에는 방각본, 활자본, 필사본 등 다양한 형태의 이본들이 존재한다. 이러한 이본 간 영향 관계에 대한 다양한 논의가 이루어졌지만, 아직도 의견이 서로 대치되는 지점들이 존재한다. 여기에서는 상관분석 및 계층분석 등 디지털 언어분석 방식을 활용한 계량적 문체 비교를 바탕으로 〈홍길동전〉의 다양한 이본들 사이의 영향 관계를 살펴볼 실마리를 살펴본다.

〈홍길동전〉의 이본(異本) 현황

현재까지 『홍길동전』의 이본은 총 41종으로 파악된다. 이러한 이본들은 출판 형태에 따라서 붓으로 베껴 쓴 필사본(筆寫本), 목판으로 인쇄한 방각본(板刻本), 활자로 인쇄한 구활자본(舊活字本)으로 나뉜다. 이 중 방각본은 서울에서 인쇄된 경판본, 안성에서 인쇄된 안성판본, 전주에서 인쇄된 완판본으로 구분된다.

〈홍길동전〉의 이본들은 내용적 유사성에 따라서 경판 계열, 완판 계열, 필사본 계열로 구분된다(이윤석, 1997). 경판 계열은 경판30장본, 경판24장본, 경판23장본, 경판21장본(낙장본), 안성판23장본, 안성판19장본, 경판17장본, 김동욱47장본, 박순호53장본, 이가원21장본, 동양문고본, 숭실대19장본, 연세대48장본, 강전섭51장본, 덕흥서림본(+구활자본 5종), 유동 경판본(낙장본) 등을 말한다.

완판 계열은 완판36장본 3종, 완판35장본 2종, 김동욱28장본, 박순호52장본, 박순호41장본(낙장본), 국립도서관70장본, 한국학중앙연구원68장본, 강전섭34장본 등이다.

필사본 계열은 김동욱89장본, 김동욱55장본, 김동욱18장본(낙장본), 박순호86장본, 정명기77장본, 조종업본

(낙질본), 정우락본, 서강대30장본(한문본) 등을 말한다.

이러한 〈홍길동전〉의 이본 간 상관관계를 파악하기 위해 다양한 연구들이 진행되었다. 하지만 몇몇 이본들의 출현 시기 및 영향 관계에 대해서는 여전히 명확한 결론을 내리지 못하고 있다.

〈홍길동전〉의 상관분석 및 계층분석

상관분석(Correlation Analysis)은 확률론과 통계학에서 두 변수 간의 선형적 관계 유형을 분석하는 방법이다. 이때 두 변수 간 관계의 강도를 상관관계(correlation)라고 한다. 상관관계의 최댓값은 +1이고, 최솟값은 -1이며, 일반적으로 ±0.7 이상이면 강한 상관관계로, ±0.7~±0.3이면 뚜렷한 상관관계로, ± 0.3이하면 약한 상관관계로 파악한다. 문학 텍스트의 이본 연구에서 상관분석은 특정 텍스트와 다른 특정 텍스트에서 특정 형태들의 등장 빈도를 상호 비교하는 통계적인 방식으로 유사성을 판단한다. 그런데 상관분석은 두 변수 사이 관계를 살펴보는 데는 매우 유용하지만, 수많은 이본 간의 계층적 군집 형태를 살펴보기에는 다소 어려움이 따른다. 이러한 문제는 유사 군집 간의 거리를 기반으로 계층적 군집을 만드는 계층분석을 추가적으로 수행해 해결할 수 있

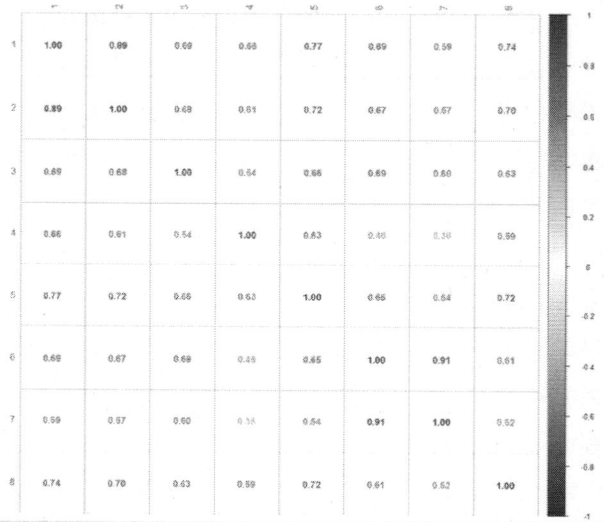

그림 2-1. <홍길동전> 이본 간 상관분석 결과

다(강우규 · 김바로, 2022).

그림 2-1은 〈홍길동전〉 각 이본에서 조종업본에 해당하는 내용을 대상으로 상관분석을 수행한 결과다. 〈홍길동전〉 이본 중에서 조종업본은 4권 중 2권만 전하는 낙질본이지만, 가장 자세한 내용을 담고 있어서 가장 원본에 가까운 이본으로 파악된다. 그림의 상단과 좌측에 표기된 1은 경판24장본, 2는 경판30장본, 3은 완판36장

본, 4는 동양문고본, 5는 정우락본, 6은 박순호86장본, 7은 정명기77장본, 8은 조종업본(2권 낙질본)을 의미한다. 여기에서 높은 상관성을 보여 주는 이본들은 '박순호86장본과 정명기77장본'(0.91), '경판24장본과 경판 30장본'(0.89)이고, 낮은 상관성을 보여 주는 이본들은 '동양문고본과 정명기77장본'(0.36), '동양문고본과 박순호86장본)'(0.46)이다. 이러한 상관관계를 바탕으로 계층 분석을 수행하는데, 결과에 대한 이해를 위해서는 먼저 기존 이본 연구에서 밝힌 몇 가지 내용을 살펴볼 필요가 있다.

첫째, 경판 계열은 두 가지 축약 방식에 따라 형성되었다는 것이다. 하나는 전체 판목을 새로 만들면서 사소한 단어나 문장을 삭제해 축약하는 방식이고, 이에 따라 경판30장본, 경판 23장본, 경판21장본이 순차적으로 형성된다. 다른 하나는 기존 판목 앞부분을 그대로 사용하고 뒷부분은 새로 만들면서 내용을 축약하는 방식이고, 이에 따라서 경판24장본, 경판 19장본, 경판17장본이 순차적으로 형성된다(이윤석, 2014). 그런데 두 가지 축약 방식에는 전제되어야 할 것이 있다. 경판24장본과 경판30장본보다 선행하는 '모본(母本)'이 존재해야 한다는 것이다. 즉 '모본'을 대상으로 첫 번째 축약 방식에 따라 경판

30장본이 형성되고, 두 번째 축약 방식에 따라 경판24장본이 형성되는 것이다.

둘째, 정우락본에 기록된 필사연대 '신축(辛丑)'이 1876년 또는 1936년으로 파악되고, 조종업본에 기록된 필사연대 '경술(庚戌)'이 1850년 또는 1910년으로 파악되며, 경판30장본은 1860년대 또는 1890년대에 출간된 것으로 파악된다는 점이다(이윤석, 1997; 유광수, 2021).

셋째, 조종업본이 〈홍길동전〉의 많은 이본 중 가장 자세한 이본으로 파악된다는 점이다. 조종업본은 4권 중 2권만이 전하고 있는데, 4권 모두 있다면 가장 원본에 가까울 것으로 파악된다(이윤석, 1997).

넷째, 1847년에 출간된 유동 경판본(낙장본)이 시장 경쟁에서 밀려나 1857년에 완판36장본으로 탈바꿈되었을 것으로 추정된다는 점이다(유춘동, 2021).

그림 2-2는 앞선 상관분석을 기반으로 계층분석을 수행한 결과다. 이는 4단계로 나누어 살펴볼 수 있는데, 문체적 차이는 1단계가 가장 크고 단계가 내려갈수록 작아진다.

먼저 1단계는 '박순호86장본, 정명기77장본'과 나머지 이본들의 구분이다. 이는 방각본 계열과 필사본 계열의 문체적 차이를 보여 주며, 각각 1934년, 1937년에 필

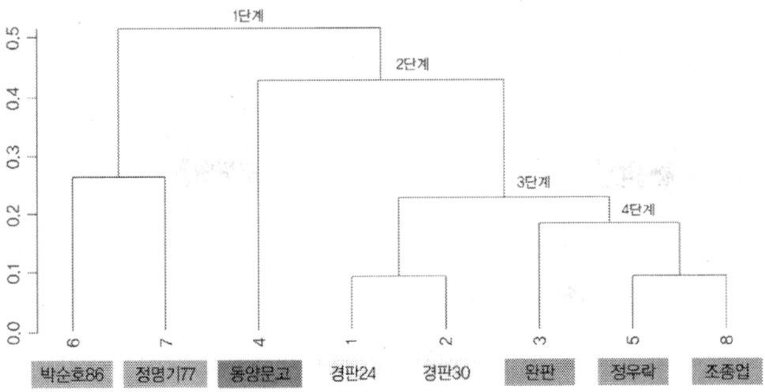

그림 2-2. <홍길동전> 이본 간 계층분석 결과.

사된 박순호86장본과 정명기77장본이 후대의 이본이면서 오류가 많은 이본으로 파악되는 것(이윤석, 1997)과도 관련이 있다.

2단계는 동양문고본과 '경판24장본, 경판30장본, 완판36장본, 정우락본, 조종업본'의 구분이다. 이는 동양문고본이 전문적인 세책업자가 당대 독자의 취향에 맞도록 나름의 합리성을 꾀하고 독자들의 흥미를 돋우기 위해 노력한 결과로 만들어진 후기 세책으로 파악되는 것(유광수, 2021)과 관련된다.

3단계는 '경판24장본, 경판30장본'과 '완판36장본, 정우락본, 조종업본'의 구분이다. 이는 경판24장본과 경판

30장본이 동일한 모본을 바탕으로 서로 다른 방식으로 축약되어 형성된 이본으로 파악된다는 점과 관련된다. 경판24장본의 조종업본 분량은 모본의 판목을 그대로 활용해 판각한 것이고, 경판30장본의 조종업본 분량은 모본에서 불필요한 글자나 문장을 축약한 것이다. 따라서 둘 사이의 문체적 친연성은 매우 높게 나타난다. 3단계에서 또 주목되는 것은 경판30장본과 영향 관계가 있다고 파악되는 정우락본이 경판30장본보다 완판36본과 문체적 친연성이 더 강하다는 점이다. 1847년에 출간된 유동 경판본이 1857년에 완판36장본으로 탈바꿈된다고 파악되는 점을 고려할 때, 이는 정우락본에 나타난 필사연대 '신축'이 1876년이고, 정우락본이 경판30장본보다 선행했을 가능성을 나타낸다.

4단계는 '완판36장본'과 '정우락본, 조종업본'의 구분이다. 이러한 결과는 경판24장본의 모본과 정우락본이 조종업본의 영향을 받아 형성되었을 가능성을 나타낸다. 즉 조종업본의 영향 아래 경판24장본의 모본이 판각되고, 정우락본이 필사되면서 경판24장본의 모본과 정우락본이 간접적인 영향 관계를 형성하고, 경판24장본 모본의 직접적 영향으로 경판30장본이 판각되었다는 것이다. 이로 인해 경판24장본의 모본과 경판30장본은 문체적으로 하나의 그룹을 형성하고, 조종업본과 정우락본이 하나의 그룹을 형성하며, 그 사이에 완판36장본이 자리하는 것으로 파악할 수 있다.

이상에서 살펴본 〈홍길동전〉 이본들의 영향 관계를 기존 연구 성과와 함께 정리해 제시하면 다음과 같다. 19세기 중엽 필사본 조종업본(1850년)과 유동 경판본(1847년)이 존재했다. 조종업본의 영향 아래 필사본 정우락본(1876년)과 경판24장본 모본(1857년 이전)이 형성된다. 유동 경판본은 경판24장본 모본과의 시장 경쟁에서 밀려나 완판36장본(1857년)으로 탈바꿈되고, 이를 바탕으로 완판35장본(1890년)이 형성된다. 경판24장본 모본의 영향 아래 경판24장본과 경판30장본(1876년 이후)이 형성된다. 경판30장본의 영향 아래 경판19장본, 경판23장본, 경판17장본, 경판21장본 등이 형성된다.

참고문헌

강우규(2022). 디지털 분석기법을 활용한 고전소설의 이본 연구－홍길동전을 대상으로－. ≪어문연구≫, 50권 4호, 221～250.

강우규 · 김바로(2022). 『AI가 내려온다』. 사이언스북스.

유광수(2021). 세책 〈홍길동전〉의 제작연대와 경판본의 관계－필사본89장본, 조종업본, 정우락본, 경판30장본,

동양문고본을 중심으로－. ≪철학·사상·문화≫, 37호, 356～381.
유춘동(2021). 완판(完板) 『홍길동전』 원간본(原刊本)의 출현, 그에 따른 판본(板本)과 간행(刊行)의 문제, ≪어문연구≫, 49권 2호, 193～213.
이윤석(1997). 『홍길동전 연구』, 계명대학교 출판부.
이윤석(2014). 경판 〈홍길동전〉 축약의 양상과 그 의미. ≪열상고전연구≫, 40집, 139～169.

03
메타분석과 〈춘향전〉

〈춘향전〉은 고전소설 중에서도 가장 많은 연구가 진행된 작품이다. 학위논문과 학술논문을 합치면 1,730여 편의 논문이 제출되어 그동안 무엇이 논의되었는지 정리하는 것조차 버거울 정도다. 이에 〈춘향전〉 연구에 관한 메타데이터(저자명, 논문 제목, 발행 연도 등)를 구축하고 텍스트마이닝, 클러스터링, 토픽 모델링, 시계열 분석 등의 디지털 분석을 통해 〈춘향전〉에 대한 전체적인 연구 경향을 살펴본다.

〈춘향전〉 연구 메타분석 프로세스

'메타분석(meta-analysis)'은 특정 연구 주제나 연구 대상에 대한 전체 조망과 규칙성을 해명하기 위해 기존 연구 결과를 체계적으로 분석하는 계량적인 연구 방법이다(강진구 · 이기성, 2018). 이러한 메타분석은 〈춘향전〉과 같이 수많은 연구가 이루어진 고전소설 작품의 연구 경향 파악에 도움을 줄 수 있다.

고전소설 중에서 가장 많은 연구가 이루어진 〈춘향전〉의 경우 〈춘향가〉에 대한 연구를 포함해 약 1,730여 편의 연구가 이루어졌다. 이는 연구자 개인이 인문학적 고찰을 통해 일일이 살펴볼 수 있는 분량이 아니다. 따라서 〈춘향전〉 관련 연구 경향 전체를 인문학적으로 고찰해 연구 주제를 선정하는 것은 불가능에 가깝다. 메타분석은 이러한 문제를 해소하는 데 어느 정도 도움을 줄 수 있다.

〈춘향전〉 연구에 관한 메타분석 프로세스는 세 단계로 구성된다. 먼저 1단계는 〈춘향전〉에 대한 메타데이터 수집 및 정제의 과정이다. 학술연구정보서비스(이하 Riss)에서 '춘향전'을 키워드로 검색하고, 내보내기 기능을 활용해 검색된 논문의 상세 정보 데이터를 수집한다. 그런데 Riss에서 검색된 학위논문과 학술논문의 상세 정보(제목, 저자명, 초록, 발행처, 주제어 등)는 서로 상이한 방식으로 기록되어 있다. 또 학술논문은 중복으로 검색되는 경우도 많다. 따라서 학술논문과 학위논문에 공통되는 논문 제목만을 분석 대상으로 선정하고, 중복 논문을 제거(수동)한다. 이후 디지털 분석 단계에서 관사, 조사, 문장기호, 특수기호와 외국어 표기 등 불필요한 정보를 제거(자동)하는 정제 작업을 수행한다.

2단계는 '텍스트마이닝-워드 클라우드 분석', '의미연결망-클러스터링 분석', '시계열 분석' 등의 디지털 분석을 활용해 메타분석을 수행하는 과정이다. 여기에서 '텍스트마이닝'은 대규모 텍스트 형태의 비정형 데이터로부터 관계 데이터를 추출하는 방식으로, 텍스트에 나타나는 단어를 정제하고 특정 단어의 출현 빈도 및 연관성 분석을 통해 단어들 간의 관계를 조사하는 기법이고(황동열・황고은, 2016), 워드 클라우드는 텍스트 마이닝의 분석 내용을 시각화하는 기법이라고 할 수 있다. 이를 통해 〈춘향전〉 연구의 전체적인 경향을 살피고, 이를 학위논문과 학술논문의 구분에 따라서 의미를 파악한다.

의미연결망 분석은 문장 내에 함께 등장하는 단어들이 유의미한 연결성이 있다고 가정하고, 이를 바탕으로 연결망을 생성해 네트워크 분석을 수행하는 기법이고,

클러스터링은 의미연결망 분석 결과를 그룹화해 시각화한 것이라 할 수 있다. 텍스트마이닝-워드 클라우드 분석은 〈춘향전〉 연구의 주요 키워드를 도출해 주지만, 키워드 간의 관계가 불명확하다는 한계를 지닌다. 이와는 달리 의미연결망-클러스터링 분석은 키워드 간의 관계를 파악해 〈춘향전〉 연구의 경향을 보다 유기적으로 살필 수 있다. 다만 모든 키워드의 관계를 분석해 클러스터링하는 것은 불가능하기에 상위 키워드를 중심으로 연구 경향을 파악한다.

시계열 분석은 〈춘향전〉 연구를 일정 기간별로 구분하여 연구 주요 키워드들의 흐름을 분석한 것이다. Riss에서 검색한 〈춘향전〉 연구의 산출 기간은 1960년~2020년까지 약 60년이었고, 연구 경향의 흐름을 파악하기 위해서 1960~1995년, 1996~2000년, 2001~2005년, 2006년~2010년, 2011~2015년, 2016~2020년으로 구분하고 그 기간에 진행된 연구의 주요 키워드들을 분석했다. 이러한 과정을 통해 시대의 흐름에 따라 어떤 특정 주제들이 〈춘향전〉 연구의 주요한 연구 경향이었는지를 파악한다.

3단계는 메타분석을 바탕으로 '인물 연구'가 〈춘향전〉의 연구 주요한 경향 중 하나임을 파악하고, 관련 논문들의 연구 경향을 내용적으로 접근하기 위해 잠재 디리클레 할당(Latent Dirichlet Allocation, 이하 LDA)이라는 토픽 모델링 분석을 시도하는 과정이다. 토픽 분석은 대규모의 텍스트 문서 내에 어떠한 주제(토픽)들이 내포되어 있는지 확률/통계적인 방법으로 파악하는 비지도(unsupervised) 학습 기반의 자연어 처리 기법을 말한다. 토픽 모델에서는, 특정 주제를 설명하기 위한 단어들은 한 문장이나 한 문서 내에 자주 함께 등장할 것이라는 가정을 기반으로 한다. 예를 들어 ['간식', '산책', '목욕', '훈련']과 같은 단어들이 빈번히 함께 등장한다면 이것을 하나의 토픽으로 간주하고, 연구자는 이 토픽의 단어 집합을 분석해 '반려견'과 관련된 주제가 내포되어 있음을 파악할 수 있다(Blei et al., 2003).

텍스트마이닝-워드 클라우드 분석을 통해 본 〈춘향전〉 연구

〈춘향전〉과 관련된 연구논문 전체를 대상으로 텍스트마이닝 분석을 수행하면 타 장르 및 작품과의 비교, 판본별 비교 등의 비교 연구와 〈춘향전〉을 활용한 교육 방안 연구 또는 다른 매체나 방법론을 활용한 〈춘향전〉 교육 방안 연구 등이 주요한 경향으로 파악된다. 여기에 춘향

캐릭터 관련 연구, 창극 〈춘향전〉 관련 연구 등이 추가적인 경향으로 파악된다. 이러한 연구들은 학위논문과 학술논문의 성격에 따라서 경향성이 나뉜다.

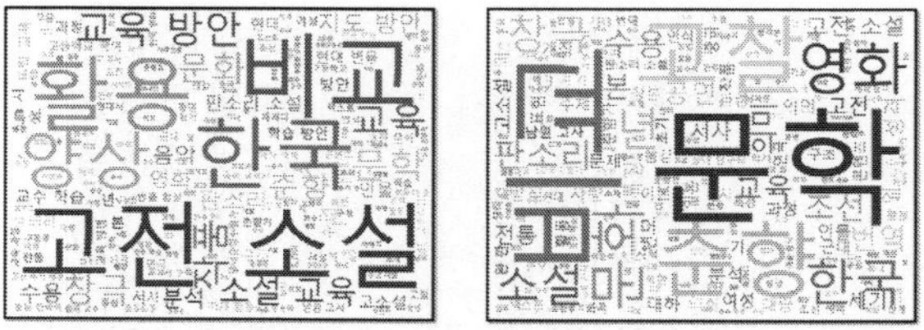

그림 3-1. <춘향전> 연구논문 워드 클라우드 분석 – 학위논문(왼쪽) VS 학술논문(오른쪽)

학위논문은 〈춘향전〉을 활용한 교육 방안 연구 또는 〈춘향전〉 관련 문화콘텐츠를 활용하는 고전소설 교육 방안 연구의 경향이 강하게 나타난다. 그리고 학술논문은 다른 매체(문화 콘텐츠)나 작품, 이본 등의 작품론적 비교 연구가 주를 이루었다.

의미연결망-클러스터링 분석을 통해 본 〈춘향전〉 연구

〈춘향전〉 관련 학위논문에 대한 의미연결망 분석을 수행하고, 클러스터링으로 시각화하면 크게 4개의 그룹을

그림 3-2. <춘향전> 학위논문 클러스터링 분석

확인할 수 있다.

첫째 그룹은 "활용, 교육"과 연계된 포괄적 연구 경향을 보여 준다. 〈춘향전〉을 활용하는 교육 방안을 연구하거나, 영화, 드라마, 오페라, 연극 등의 문화 콘텐츠를 활용해 〈춘향전〉(혹은 고전소설)을 교육하는 방안을 연구하는 경향을 포괄적으로 보여 주는 것이다.

둘째 그룹은 '현대, 수용, 변용, 변모, 드라마, 영화, 고소설, 무용, 창작, 전통' 등의 키워드로 구성되어 있으며, 〈춘향전〉의 현대적 변모 양상 또는 현대 문화 콘텐츠의 〈춘향전〉 수용 양상이라는 연구 경향을 보여 준다.

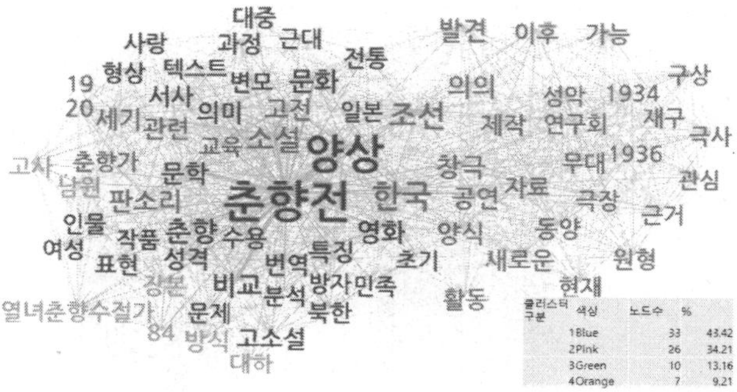

그림 3-3. <춘향전> 학술논문 클러스터링 분석

셋째 그룹은 '고전, 소설, 작품, 문학, 국어, 교과서, 수록, 활동, 대중, 콘텐츠' 등의 키워드로 구성되어 있으며, 중고등학교 교과 과정 속에서 〈춘향전〉을 중심으로 고전소설을 교육하는 방안과 관련된 연구 경향을 보여준다.

네 번째 그룹은 북한 가극 〈춘향전〉과 같은 북한 문학 연구, 남원 고사나 축제와 관련된 연구 등 앞선 그룹보다는 비교적 관계성이 떨어지는 연구의 경향성이 묶여 있는 것으로 이해된다.

〈춘향전〉 관련 학술논문에 대한 의미연결망-클러스터링 분석 결과에서도 크게 4개의 그룹을 확인할 수 있다. 〈춘향전〉 학술논문 연구 경향의 가장 큰 비중을 차지하는 첫째 그룹은 주요 키워드인 "춘향전, 양상"을 중심으로 인물(춘향, 여성, 방자 등) 연구, 문화, 영화, 수용, 비교, 번역 등 컨텍스트(또는 문화 콘텐츠) 관련 연구 등이 묶여 있는 것으로 파악된다.

여기에서 춘향, 방자 등의 키워드가 드라마 〈쾌걸춘향〉, 영화 〈방자전〉 등의 문화 콘텐츠 제목에서도 도출된다는 점을 고려한다면 고전소설 〈춘향전〉과 문화 콘텐츠의 비교 연구가 첫째 그룹의 핵심이라고 할 수 있다.

둘째 그룹은 창극 〈춘향전〉과 조선성악연구회의 활동을 중심으로 한 연구 경향을 비교적 뚜렷하게 드러내고 있다. 셋째 그룹은 완판 84장본 열녀춘향수절가에 관한 연구 경향을 드러내는 것이고, 넷째 그룹은 고전소설, 판소리 교육과 관련된 연구 경향을 보여 준다고 할 수 있다.

시계열 분석을 통해 본 〈춘향전〉 연구

학위논문 연구의 시계열 분석에서 주목되는 키워드는 '비교, 교육, 활용' 등이다. 먼저 '비교'는 '〈춘향전〉 이본 비교', '고전소설 〈춘향전〉과 판소리 사설 〈춘향가〉 비교', '고전소설 〈춘향전〉과 〈춘향전〉 관련 문화 콘텐츠 비교' 등 다양한 비교 연구가 〈춘향전〉 학위논문의 주요

구분	1960-1995	1996-2000	2001-2005	2006-2010	2011-2015	2016-2020
1	소설(14)	소설(10)	교육(27)	교육(51)	교육(37)	교육(18)
2	한국(10)	방안(6)	소설(23)	소설(34)	방안(34)	비교(17)
3	판소리(10)	한국(6)	방안(17)	방안(31)	활용(30)	방안(16)
4	비교(8)	판소리(6)	문학(15)	고전(31)	고전(19)	소설(14)
5	문학(6)	교육(5)	고전(12)	활용(23)	소설(18)	고전(12)
6	양상(5)	현대(5)	한국(12)	문학(19)	학습(17)	활용(11)
7	작품(5)	창극(5)	판소리(11)	학습(16)	문학(12)	창극(11)
8	오페라(5)	수용(5)	지도(11)	한국(15)	비교(12)	양상(10)
9	고전(4)	비교(4)	고등학교(10)	양상(13)	양상(10)	춘향(9)
10	춘향(3)	양상(4)	양상(9)	판소리(12)	지도(10)	문학(8)
11	분석(3)	지도(4)	비교(8)	국어(12)	한국(9)	작품(8)
12	현대(2)	고전(3)	학습(8)	고등학교(11)	문화(9)	문화(8)
13	변용(2)	문학(3)	영화(7)	변용(10)	고등학교(8)	한국(6)
14	창극(1)	학습(3)	수용(7)	교과서(10)	영화(8)	영화(6)
15	수용(1)	작품(3)	분석(7)	음악(10)	오페라(8)	현대(6)
16	교육(0)	변용(3)	교과서(6)	과정(10)	창극(7)	음악(6)
17	방안(0)	과정(3)	과정(6)	작품(9)	춘향(7)	국어(5)
18	활용(0)	활용(2)	활용(5)	영화(9)	판소리(6)	학습(4)
19	학습(0)	고등학교(2)	작품(5)	현대(9)	작품(6)	변용(4)
20	지도(0)	국어(2)	국어(5)	문화(8)	변용(6)	오페라(4)
21	고등학교(0)	영화(1)	변용(4)	비교(6)	교과서(6)	판소리(3)
22	영화(0)	문화(1)	춘향(4)	지도(5)	분석(6)	지도(3)
23	문화(0)	춘향(1)	오페라(4)	창극(4)	현대(5)	과정(3)
24	국어(0)	교과서(1)	현대(3)	오페라(4)	음악(5)	수용(3)
25	교과서(0)	분석(1)	문화(3)	춘향(3)	수용(4)	분석(3)
26	음악(0)	오페라(0)	음악(3)	수용(3)	국어(3)	고등학교(2)
27	과정(0)	음악(0)	창극(1)	분석(3)	과정(2)	교과서(2)
합계	79	89	233	371	304	202

그림 3-4. <춘향전> 학위논문 시계열 분석

한 연구 경향임을 드러낸다.

다음으로 '교육' 키워드는 〈춘향전〉 학위논문에서 교육학적 측면의 연구가 1996년 이후 급부상했음을 보여준다. 그런데 '교육'이 국어, 고전, 소설, 지도, 방안 등의 다른 상위 키워드들과 연동된다는 점을 고려하면, 1996년 이후 〈춘향전〉 학위논문의 많은 비중이 교육학 연구였음을 나타낸다. 마지막으로 1996년 이후 급증한 '활용'은 〈춘향전〉 교육을 위한 문화 콘텐츠의 활용, 〈춘향전〉을 활용한 교육 등의 경향을 보여 주는 것이다. 이는 '교육'과 '활용' 키워드가 긴밀한 연관을 지니고 있다는 것으

구분	1960-1995	1996-2000	2001-2005	2006-2010	2011-2015	2016-2020
1	소설(17)	양상(10)	양상(16)	소설(17)	양상(35)	양상(27)
2	비교(11)	소설(8)	춘향(16)	양상(14)	조선(25)	문화(18)
3	문학(10)	수용(7)	문학(11)	영화(14)	판소리(17)	춘향(17)
4	양상(7)	비교(5)	전통(10)	문학(12)	소설(16)	고전(16)
5	춘향(6)	춘향(4)	소설(9)	비교(11)	문학(16)	소설(15)
6	고전(6)	문학(4)	비교(8)	문화(10)	춘향(14)	영화(14)
7	장본(6)	고전(4)	창극(8)	고전(9)	문화(13)	한국(12)
8	성격(6)	판소리(4)	고전(7)	판소리(9)	비교(12)	문학(11)
9	판소리(4)	한국(4)	영화(7)	한국(9)	영화(12)	조선(11)
10	한국(4)	성격(4)	특징(7)	춘향(8)	번역(12)	판소리(11)
11	창극(3)	창극(3)	한국(6)	조선(8)	고전(11)	비교(10)
12	수용(3)	교육(3)	수용(6)	수용(8)	한국(11)	번역(9)
13	의미(2)	의미(3)	서사(6)	교육(8)	창극(11)	교육(9)
14	전통(2)	문화(2)	공연(5)	창극(7)	의미(10)	공연(9)
15	조선(1)	공연(2)	의미(5)	공연(6)	교육(9)	서사(8)
16	번역(1)	전통(2)	조선(4)	전통(6)	공연(8)	수용(7)
17	공연(1)	조선(1)	문화(4)	번역(5)	장본(7)	특징(7)
18	특징(1)	영화(1)	번역(4)	의미(5)	특징(6)	창극(4)
19	서사(1)	번역(0)	장본(4)	특징(4)	성격(6)	의미(4)
20	영화(0)	특징(0)	판소리(3)	장본(4)	서사(6)	전통(4)
21	문화(0)	장본(0)	성격(3)	서사(4)	수용(3)	장본(4)
22	교육(0)	서사(0)	교육(2)	성격(2)	전통(2)	성격(4)
합계	92	71	151	180	262	231

그림 3-5. <춘향전> 학술논문 시계열 분석

로, 1996년 이후 〈춘향전〉 학위논문 대부분이 교육 관련 논문이라는 것을 의미한다.

학위논문의 '교육, 활용' 등의 키워드는 학술논문에서는 주목받지 못하고 있지만, '비교'는 학술논문에서도 주요한 키워드로 작용한다. 〈춘향전〉 학술논문에서 비교 연구가 주요한 연구 경향 중 하나라는 것이다. 그런데 '장본'이라는 키워드는 1996년 이전에는 '비교' 키워드와 함께 상위에 놓여있었지만, 1996년 이후에는 하위로 내려가는 점이 주목된다. '장본'은 완판 29장본, 완판 84장본, 경판 16장본, 경판 30장본 등 판본을 의미하는 용어라는 점을 고려했을 때, 1996년 이전에는 판본을 비교하는 연구가 주요했다면, 그 이후에는 판본의 비교가 아닌 고전소설과 문화콘텐츠의 비교가 주요한 경향으로 나타난다고 볼 수 있다.

학술논문에서 부각되는 또다른 키워드는 '춘향, 영화, 문화' 등이다. 이는 〈춘향전〉 학술논문이 등장인물인 '춘향'을 지속적으로 주목하고 있으면서, 한편으로 드라마 〈쾌걸춘향〉(2005), 영화 〈춘향뎐〉(2000)과 〈방자전〉(2010), 김인순의 장편소설 〈춘향〉(2008) 등 〈춘향전〉을 현대적으로 변주한 문화 콘텐츠로 그 연구 범위가 확장되고 있음을 의미한다.

토픽 모델링을 통해 본 〈춘향전〉 연구

〈춘향전〉 학술논문 데이터 중 '춘향, 인물, 여성, 방자' 중 하나의 키워드라도 논문 제목에 포함된 데이터를 추출하고 해당 논문의 초록을 대상으로 토픽 분석을 수행한 결과는 다음 표 3-1과 같다.

기본적으로 4개의 토픽은 "춘향", "춘향전", "인물"이라는 키워드를 공유하는데, 이는 〈춘향전〉 인물 연구와 관련된 데이터를 추출해 분석했기 때문이다. 먼저 1번과 2번 토픽에서는 "방자"와 "기생"이 "춘향전"보다 높은 순위를 보여 준다는 점이 주목된다. 1번 토픽에는 "방자"와

표 3-1. <춘향전> 연구 토픽 분석 결과

구분	토픽 분석결과
1	0.043*"춘향" + 0.019*"방자" + 0.018*"춘향전" + 0.016*"서사" + 0.015*"인물" + 0.010*"신분" + 0.009*"구조" + 0.008*"이야기" + 0.008*"이몽룡" + 0.007*"원작"
2	0.039*"춘향" + 0.016*"기생" + 0.015*"춘향전" + 0.014*"인물" + 0.011*"여성" + 0.008*"도령" + 0.008*"언술" + 0.007*"신분" + 0.007*"작품" + 0.006*"의식"
3	0.022*"춘향" + 0.018*"춘향전" + 0.016*"인물" + 0.010*"소설" + 0.008*"방자" + 0.006*"문학" + 0.006*"중국" + 0.006*"프랑스" + 0.006*"서사" + 0.006*"현대"
4	0.030*"춘향" + 0.020*"춘향전" + 0.015*"사랑" + 0.011*"욕망" + 0.008*"신분" + 0.008*"여성" + 0.008*"인물" + 0.007*"소설" + 0.007*"정절" + 0.007*"작품"

함께 "서사, 구조, 이야기, 원작" 등의 단어가 높은 순위를 보여 주는데, 이는 토픽의 주제가 영화 〈방자전〉이 원작 〈춘향전〉의 이야기를 어떻게 재해석하는지와 관계되어 있음을 나타낸다. 2번 토픽에는 "기생"과 함께 "여성, 신분, 언술, 의식" 등의 단어가 주목된다. 이는 기생이라는 춘향의 신분과 그녀의 언술에 주목한 여성의식이 2번 토픽의 주제와 깊은 연관이 있음을 나타낸다.

다음으로 3번 토픽에서는 "소설, 문학, 중국, 프랑스, 서사, 현대" 등의 단어들이 주목된다. 이는 불역본 〈춘향전〉과 〈춘향전〉을 재해석한 현대소설들이 춘향을 어떻게 변주하고 있는지에 대한 분석으로 파악할 수 있다.

마지막으로 4번 토픽은 〈춘향전〉의 주제 연구, 인물 연구 등과 관련한 일반적인 단어들의 집합으로 파악된다. 그런데 "춘향"은 〈춘향전〉을 연극, 현대 소설, 영화, 드라마, 현대 시 등으로 재해석한 작품들의 제목에서 추출되는 단어이기도 하다. 따라서 4번 토픽의 주제는 고전소설 〈춘향전〉과 이를 현대적으로 재해석한 문화 콘텐츠의 주제연구, 인물 연구와 관련된 것으로 파악할 수 있다.

이러한 토픽 분석 결과는 연구자가 정성적으로 연구 경향을 고찰한 것과 상당 부분 일치하는 것으로 파악된다. 컴퓨터의 정량적 분석이 연구자의 정성적 분석에 근접했다는 것이다. 다만 토픽 분석의 결과가 분석을 시행할 때마다 다르게 나타나고, 해당 분야의 전문가가 아니면 분석 결과를 해석하기 어렵다는 문제는 아직 남아 있다.

참고문헌

강우규 · 이기성(2021). 고전소설 연구 경향 고찰을 위한 디지털 분석방법론 탐색 – '춘향 서사'를 중심으로 –. ≪국제어문≫,

90집, 239~266.

강진구 · 이기성(2018). 한국문학의 다문화담론에 대한 메타분석(meta-analysis). ≪우리문학연구≫, 59집, 7~28.

황동열 · 황고은(2016). 빅데이터 기술을 활용한 인문콘텐츠 분야의 의미연결망 분석, ≪인문콘텐츠≫, 43호, 229~255.

Blei, D., et al..(2003). Latent dirichlet allocation. *Journal of Machine Learning Research, 3*, 993~1022.

04
딥러닝과 고전소설 유형

인공지능 중 딥러닝은 대체로 개와 고양이의 사진 분류를 예로 들어 설명된다. 딥러닝은 디지털 기술을 활용한 유형 분류 기법이라고 할 수 있는 것이다. 그렇다면 고전소설의 유형도 딥러닝 기술을 활용해 분류할 수 있지 않을까? 이러한 문제의식을 바탕으로 여기에서는 딥러닝 기술을 활용해 방각본 고전소설의 유형을 분류했다.

딥러닝 기법과 고전소설 유형 분류

고전소설의 유형 분류는 고전소설에 대한 통합적인 이해와 개별 작품들 사이의 편년을 가능케 하고, 유형 상호간의 비교를 통해 고전소설의 흐름을 파악할 수 있도록 해 준다. 따라서 고전소설의 유형을 분류하기 위한 다양한 주장들이 제기되어 왔다. 이러한 주장에서 제시된 유형 분류 방식은 대체로 통시적(역사적) 분류와 공시적(이론적) 분류 혹은 두 가지 방식을 혼합한 분류로 파악된다(윤재민, 2001). 이렇게 일관되지 않은 기준으로 인해 하나의 작품이 연구자에 따라서 서로 다른 유형으로 분류되는 경우도 다수 존재한다. 일관된 기준에 따라 구축된 딥러닝 모델은 이 문제 해결에 실마리를 제공해 줄 수 있다. 또 새로운 고전소설 텍스트의 유형 판전에도 효과적이기에 유형 분류 체계의 확장성을 담보해 줄 수도 있다.

딥러닝 기법은 새로운 유형 체계를 만드는 방식이 아니고, 기존 유형 체계를 바탕으로 학습을 통해 각 유형의 문체적인 특징을 도출하는 것이다. 딥러닝에서 문체의 유형적 특징을 찾아내는 방법을 단순히 표현하면, 수많은 "특정 표현"과 "특정 표현의 다양한 조합"을 모두 찾아내는 작업이다. "특정 표현"의 일례로, "월궁"이나 "아황"

등의 단어들은 애정소설 유형에만 등장하기에 애정소설 유형으로 분류하는 문체적 기준이 될 수 있다.

"특정 표현의 조합"은 하나의 특정 표현이 소설의 유형을 분류하는 기준이 되지 못하고, 또 다른 특정 표현과의 조합을 통해서 소설 유형을 분류하는 문체적 기준을 설정하는 것을 말한다. 예를 들어 "잇그러"라는 특정 표현은 그 자체로는 소설 분류의 기준이 될 수 없지만 "옥슈를"과 결합하면 애정소설 유형의 문체적 기준이 될 수 있고, "병(兵)을"과 결합하면 영웅소설 유형의 문체적 기준이 될 수 있는 것이다. 이러한 "특정 표현의 조합"은 특정 표현 2개의 조합만이 아니라 3개, 4개, … 100개 등 다양한 방식의 방대한 조합이 있을 수 있다.

물론 몇 가지의 특정 표현과 특정 표현의 조합 패턴을 파악하는 것은 인간의 힘으로도 가능하다. 하지만 수많은 소설 작품에 나타난 모든 특정 표현과 특정 표현의 조합 패턴을 종합적으로 고려해 일관된 기준을 설정하고 소설의 유형을 분류하는 작업은 연구자 개인의 힘으로는 불가능하다. 이와 달리 딥러닝은 무한에 가까운 컴퓨터의 연산 능력을 토대로 수많은 소설 작품에 나타난 특정 표현과 특정 표현의 조합 패턴을 종합적으로 고려하고 일관된 기준에 따라 수치화함으로써 소설의 유형을 분류하는 것이 가능하다.

딥러닝을 통한 경판 방각본 소설 유형 분류

경판 방각본 고전소설은 총 53종이며, 기존 연구에서는 이를 영웅소설(19종), 애정소설(7종), 가정소설(3종), 윤리소설(6종), 역사소설(2종), 번역번안소설(10종), 기타 소설(6종)로 분류했다(서혜은, 2008). 딥러닝을 통한 유형 분류 모델 구축을 위해서는 유형성이 비교적 명확한 학습 데이터가 필요하다. 또 학습 데이터에는 훈련용 데이터와 테스트용 데이터가 별도로 필요하기에 하나의 유형에 해당하는 작품들이 일정 수 이상 존재해야 한다. 위의 분류에서 이러한 두 가지 조건을 만족하는 유형은 영웅소설, 가정소설, 윤리소설, 애정소설이다.

영웅소설, 가정소설, 윤리소설, 애정소설의 학습 데이터는 각각 '임장군전, 조웅전, 소대성전', '사씨남정기, 장화홍련전', '적성의전, 진대방전', '숙향전, 숙영낭자전'이다. 딥러닝 분석을 위해 이 작품들을 띄어쓰기를 포함한 256글자씩 분절해 해당 작품의 소설 유형을 표시했다. 이를 통해 총 379,785 문자가 1,102개로 분절된 텍스트와 그에 대응하는 소설 유형을 표시한 데이터로 정제했다. 이후 딥러닝 학습이 가능하도록 텍스트를 일정한 규

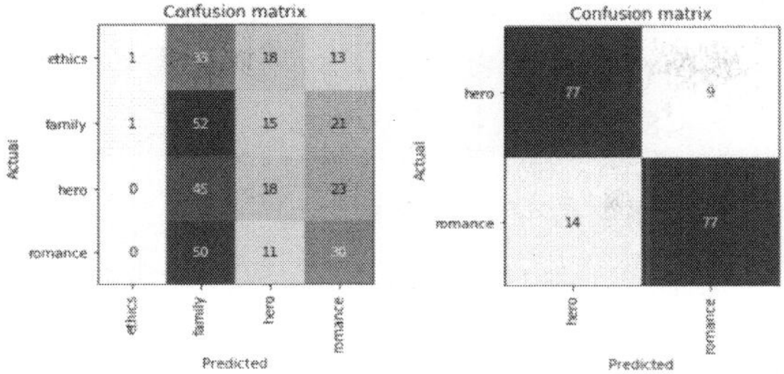

그림 4-1. 고전소설 유형 딥러닝 모델 오차 행렬

칙에 따라서 숫자로 변환하는 워드 임베딩(word embedding)을 수행하고, 숫자로 변환된 텍스트를 토대로 공개된 딥러닝 텍스트 분류 알고리즘을 통해 딥러닝 소설 유형 분류 모델을 구축했다.

딥러닝 모델의 문제점을 검증하는 오차행렬(confusion matrix)을 통해서, 각 소설 유형 간의 상관관계를 살펴보면 다음의 특징을 살펴볼 수 있다.

첫째, 윤리소설 유형은 모든 유형에 종속적인 특징을 지닌다. 둘째, 네 가지 유형 학습 모델에서 가정소설 유형은 모든 유형을 포괄하는 특징을 지닌다. 셋째, 애정소설 유형은 가장 독립성이 강하다. 넷째, 영웅소설과 애정소설 유형은 상호 독립적인 유형성이 가장 강하다.

이러한 특징들로 인해 네 가지 유형의 소설 분류 모델

의 정확도는 사지선다 확률보다 조금 높은 30.5% 정도에 불과했다. 그리고 종속적인 윤리소설과 포괄적인 가정소설을 제외하고 독립성이 강한 영웅소설과 애정소설 두 가지 유형을 분류하는 모델을 구축한 결과는 예측 정확도 87%라는 높은 수치를 보여 준다.

딥러닝을 통한 영웅소설과 애정소설의 유형성 검증

경판본 소설 중에서는 영웅소설에 해당한다는 견해와 애정소설에 해당한다는 견해가 대립하는 작품들이 존재한다. 또 다른 연구자는 이런 작품들을 아예 애정영웅소설이라고 부르기도 한다. 또 영웅소설과 애정소설 사이에는 여성영웅소설이라는 유형도 존재한다. 이는 두 유형의 작품들이 연구자의 주관적인 기준에 따라서 상이하게 분석될 수 있음을 의미한다. 정도의 차이만 있을 뿐 하나의 작품에 영웅소설과 애정소설의 유형성이 모두 포함되어 있다는 것이다. 따라서 두 유형의 작품들을 분류하기 위해서는 보다 객관적인 기준이 필요하다. 이러한 점에서 딥러닝 기법은 두 유형을 분류하는 객관적인 기준이 될 수 있다. 계량적 문체라는 객관적인 지표를 바탕으로 두 유형의 작품들을 분류할 수 있기 때문이다.

표 4-1. 영웅소설과 애정소설 유형 검증 결과

작품명	기존 분류	영웅지수	애정지수	검증 결과
금방울전	영웅	0.441	0.559	애정
백학선전	애정	0.461	0.539	애정
쌍주기연	애정	0.444	0.556	애정
양산백전	애정	0.483	0.517	애정
옥주호연	애정	0.507	0.493	영웅
장백전	영웅	0.466	0.534	애정
장풍운전	영웅	0.462	0.538	애정
정수정전	영웅	0.513	0.487	영웅
현수문전	영웅	0.468	0.532	애정
황운전	영웅	0.525	0.475	영웅

87%의 정확도를 보여 주었던 영웅소설과 애정소설 유형 분류 모델을 통해 경판 방각본 소설 연구에서 영웅소설로 분류되었던 〈정수정전〉, 〈황운전〉, 〈금방울전〉, 〈장백전〉, 〈장풍운전〉, 〈현수문전〉과 애정소설 또는 애정 성취를 문제 삼는 영웅소설로 분류되었던 〈백학선전〉, 〈쌍주기연〉, 〈양산백전〉, 〈옥주호연〉이 어떠한 유형에 귀속되는지 검증해 보았다.

기존 유형 분류와 다른 결과가 도출된 작품은 〈금방

울전〉, 〈옥주호연〉, 〈장백전〉, 〈장풍운전〉, 〈현수문전〉이다. 이러한 검증 결과에서 주목되는 점은 크게 세 가지다.

첫째, 모든 작품에서 영웅소설과 애정소설 유형의 문체 지수의 차이가 크지 않다. 소설 유형의 문체 지수 차이가 가장 큰 작품은 〈금방울전〉으로 0.118(11.8%) 정도 차이로 애정지수가 높고, 가장 적은 작품은 〈옥주호연〉으로 0.014(1.4%) 정도 차이로 영웅지수가 높다. 즉 모든 작품이 영웅소설과 애정소설 유형의 문체적 특징을 모두 함유하고 있으면서 비교 우위의 측면에서 유형이 판정되는 것이다. 따라서 특정 작품이 애정소설인가 영웅소설인가의 이견이 존재하는 것은 문체적 측면에서 어찌 보면 당연한 결과라고 할 수 있다.

둘째, 검증 결과가 기존 분류와 다른 작품들의 경향이 전반적으로 영웅소설을 애정소설 유형으로 인식한다는 것이다. 소설 유형의 문체 지수가 가장 적은 차이를 보였던 〈옥주호연〉만 애정소설을 영웅소설 유형으로 인식했고, 나머지 네 작품 〈금방울전〉, 〈장백전〉, 〈장풍운전〉, 〈현수문전〉은 모두 영웅소설을 애정소설 유형으로 인식했다. 그런데 〈옥주호연〉이 여성영웅소설로도 파악된다는 점에서 딥러닝 모델을 통한 검증 결과는 영웅소설을 애정소설로 분류하는 경향이 강하다는 것을 보여 준다.

셋째, 남성 영웅을 주인공으로 하는 〈장백전〉, 〈장풍운전〉, 〈현수문전〉 등은 애정소설 유형으로 파악되고, 여성영웅을 주인공으로 하는 〈옥주호연〉, 〈정수정전〉, 〈황운전〉 등은 영웅소설 유형으로 파악된다. 즉 여성영웅소설로 파악되던 작품들이 영웅소설 유형의 문체적 특징을 더욱 강하게 보여 준다는 것이다. 다만 〈금방울전〉은 여성영웅소설로 파악되면서도 애정소설 유형의 문체적 특징을 가장 강하게 보여 주고 있다.

이러한 특징은 딥러닝을 통해 소설 분류 모델을 구축할 때 학습 데이터로 활용한 영웅소설 유형의 〈임장군전〉, 〈조웅전〉, 〈소대성전〉, 애정소설 유형의 〈숙향전〉, 〈숙영낭자전〉과의 관련 속에서 그 의미를 찾을 수 있다.

먼저 〈장백전〉, 〈현수문전〉과 같은 '왕조교체형 영웅소설'(김용기, 2009)은 〈조웅전〉, 〈소대성전〉과 같이 체제를 수호하는 일반적인 영웅소설 유형과는 상이한 문체적 특징을 지닌다는 것이다. 다만 〈장풍운전〉은 체제를 수호하는 일반적인 영웅소설이지만, '한문본 〈금선각〉 → (문예문의 생략 및 축약) → 번역본 〈금선각〉 →

(일상 언어로 재구성) → 〈장풍운전〉'(김준형, 2017)의 과정을 거치면서 독특한 문체적 특징을 지니게 되었고, 이로 인해 영웅소설이 아닌 애정소설 유형으로 분류된 것으로 볼 수 있다.

다음으로 방각본 영웅소설 중 여성을 주인공으로 하는 작품들은 문체적인 측면에서 〈임장군전〉, 〈조웅전〉, 〈소대성전〉이 보여 주는 영웅소설의 유형성을 더욱 강하게 보여 준다. 여성영웅소설은 영웅소설 장르 운동의 일환으로 형성되었기 때문에 영웅소설의 유형성과 대중성, 흥미성이 중심적인 역할을 했고, 여성영웅은 철저히 남성적인 삶을 영위하는 모습으로 형상화된다(류준경, 2001). 따라서 여성영웅소설은 문체적으로 영웅소설로 분류될 수 있다. 그런데 〈금방울전〉은 기존 논의에서 여성영웅소설로 분류되지만, 검증 대상 중 애정소설 유형의 문체적 특성을 가장 강하게 보여 준다. 이는 소설 유형의 측면에서 〈금방울전〉의 개성적인 위상에서 비롯되는 것으로 볼 수 있다. 〈금방울전〉은 여성영웅소설을 포함하는 영웅소설의 유형 분류에서도 〈김원전〉과 함께 대적 퇴치 민담 모티프가 소설 구성의 축을 이루는 유형이라고 별도로 분류된다(박일용, 1983). 또한 〈금방울전〉은 '남장'과 '출전'의 두 가지 핵심 모티프를 특징으로

하는 여성영웅소설의 유형성에서도 벗어나 있다. 따라서 〈정수정전〉, 〈황운전〉과는 다른 문체적 특징을 지닌 작품으로 파악할 수 있고, 애정소설 유형의 문체적 특징을 강하게 보여주는 것은 이 때문이라고 볼 수 있다.

마지막으로 17세기 말에 창작되고 향유되었던 〈숙향전〉의 후대 소설에 대한 영향력을 보여 주는 것으로 추측할 수 있다. 〈숙향전〉은 〈두껍전〉, 〈흥부전〉, 〈담낭전〉, 〈춘향전〉, 〈배비장전〉, 〈심청전〉, 〈옥소전〉 등 후대의 여러 소설에 영향을 끼친 것으로 파악된다(경일남, 2014). 또 〈소대성전〉, 〈쌍주기연〉, 〈금방울전〉과 함께 〈박씨전〉, 〈육미당기〉, 〈김원전〉, 〈장경전〉, 〈남윤전〉, 〈적성의전〉, 〈김진옥전〉 등도 〈숙향전〉으로부터 많은 영향을 받은 작품으로 파악된다(이상구, 2018). 따라서 〈숙향전〉의 문체적인 특징이 후대 소설에 영향을 미쳤을 가능성이 존재한다. 즉 10개의 검증 작품이 애정소설 유형으로 분류되는 경향이 강하다는 것은 후대 작품에 대한 〈숙향전〉의 문체적 영향력을 보여 주는 것으로 해석할 여지가 있는 것이다.

참고문헌

강우규 · 김바로(2020). 딥러닝을 활용한 경판 방각본 소설의 유형 고찰－영웅소설과 애정소설 유형을 중심으로. ≪국제어문≫, 84집, 9～35.

경일남(2014). 고전소설에 수용된 숙향의 형상과 문학적 의미. ≪어문연구≫, 82집, 53～74.

김용기(2009). 왕조교체형 영웅소설의 왕조교체 방식 연구. ≪국어국문학≫, 153호, 105～134.

김준형(2017). 방각소설 〈장풍운전〉의 형성과 전개. ≪고소설연구≫, 43집, 5～51.

류준경(2001). 영웅소설의 장르관습과 여성영웅소설. ≪고소설연구≫, 12집, 5～36.

박일용(1983). 영웅소설 유형 변이의 사회적 의미. 한국고전문학회 편,『근대문학의 형성과정』(187～206쪽). 문학과지성사.

서혜은(2008). 경판 방각소설의 대중성과 사회의식 연구. 경북대학교 박사학위논문.

윤재민(2001). 한국 한문소설의 유형론. ≪민족문화연구≫, 35권, 133～168.

이상구(2018). 후대소설에 미친 〈숙향전〉의 영향과 소설사적 의의. ≪고전과 해석≫, 24권, 149～201.

05
딥러닝과 영웅소설 유형

영웅소설은 조선 후기 가장 인기 있었던 소설 양식으로, 어떤 고전소설 양식보다 유형적인 성격이 강한 작품들이다. 이에 따라 영웅소설의 유형을 밝히려는 많은 연구가 이어졌는데, 각기 다른 유형론의 난립으로 인해 오히려 장르 해명에 어려움이 따르는 문제가 제기되기도 하였다. 딥러닝 기법을 통해 이러한 영웅소설의 유형론을 검증하고, 계량적 문체라는 객관적인 기준에 근거한 새로운 유형론을 제안해 본다.

영웅소설의 유형론

1970년대 '영웅의 일생'이라는 구조적 보편성과 사회사적 배경 등을 기반으로 영웅소설을 범주화하고 그 역사적 체계를 분류했던 연구(조동일, 1977) 이후 영웅소설의 장르 해명을 위한 수많은 하위 유형 연구가 이루어졌다. 이 중 작품의 구체적인 성격을 바탕으로 일관된 기준을 설정하고 3~4개의 유형으로 영웅소설의 하위 유형을 분류한 견해로 서대석, 임성래, 안기수, 김연호의 유형론을 들 수 있다.

서대석은 '대결 양상'에 따라 9개의 작품을 '소대성전 유형, 유충렬전 유형, 장백전 유형'으로 분류했고(서대석, 2008), 임성래는 '고난과 입공 내용'에 따라 18개의 작품을 '체제개혁형, 애정성취형, 능력본위형, 인류수호형'으로 구분했다(임성래, 1990). 안기수는 '욕망의 성격'에 따라 12개의 작품을 '애정성취 욕망, 가문의식 욕망, 이상적 이데올로기 욕망'의 세 유형으로 분류했고(안기수, 1995) 김연호는 '고난, 군담, 극복 양상'에 따라 16개의 작품을 '금방울전 유형, 소대성전 유형, 백학선전 유형'으로 구분했다(김연호, 1992). 네 연구자의 유형론은 분류 기준도 상이하고 대상 작품에서도 차이가 있다. 그러다 보니 하나의 작품이 각기 다른 기준에 따라 서로 다른 유형으로 분류되기도 한다.

그런데 각 하위 유형에 해당하는 작품들의 면면을 살펴보면 유형론들 사이에 상당한 유사성을 발견할 수 있다. 서대석의 소대성전 유형과 안기수의 가문의식 욕망 유형은 해당 작품이 완전히 같고, 이상적 이데올로기 욕망 유형은 유충렬전 유형에 〈이대봉전〉 한 작품만이 추가되어 있다. 임성래의 애정성취형과 김연호의 백학선전 유형에 해당하는 작품은 완전히 동일하고, 체제개혁형과 금방울전 유형은 〈옥주호연〉과 〈장백전〉을 공유한다. 이러한 상관관계는 기존 유형론을 종합적으로 재검토하면 영웅소설의 하위 유형을 이론적으로 정립할 수 있다는 가능성을 내포한다. 서로 다른 기준에도 불구하고 같은 작품들이 하나의 유형에 묶여 있다면 그만큼 그 작품들의 유형성이 강하다는 것을 의미하기 때문이다. 강한 유형성은 딥러닝 기법을 적용한 유형 분류 모델의 정확도가 높을 가능성을 나타낸다. 그리고 딥러닝 기법을 적용한다면 기존 유형 분류에서 다루어지지 않았던 영웅소설 작품들의 유형을 예측할 수 있다. 확장 가능성을 전제한 유형론의 구축이 가능하다는 것이다.

딥러닝 분석을 통한 영웅소설 유형론 검토 프로세스

딥러닝 분석을 통한 영웅소설 유형론의 검토는 영웅소설의 텍스트 데이터를 구축하는 단계에서 시작해서 영웅소설의 유형을 분류하는 딥러닝 모델(이하 영웅소설 유형 분류 모델)을 구축하는 학습 단계와 이 모델을 활용해 영웅소설의 유형을 예측하는 예측 단계로 구분해 진행된다.

기존 영웅소설 유형론들은 대체로 방각본과 활자본 소설을 대상으로 논의를 진행하고, 대체로 방각본을 활자본보다 선행하는 작품으로 파악한다. 따라서 여기에서는 Krpia(http://www.krpia.co.kr)의 『한국방각본소설전집』, 『영인 고소설판각본전집』 등을 통해 고전소설 작품 24편 29종(경판 22종, 완판 7종)의 텍스트 데이터를 구축했다.

이후 학습 단계에서는 서대석, 안기수, 김연호, 임성래 등의 영웅소설 유형 연구에서 제시한 하위 유형별 작품의 텍스트 데이터를 학습 데이터로 정제했다. 학습 데이터 정제는 해당 작품을 띄어쓰기 포함 256자씩 분절하고, 분절 단위마다 소설 유형을 표시하는 방식으로 이루어졌다. 이후 딥러닝 학습이 가능하도록 텍스트를 일정한 규칙에 따라서 숫자로 변환하는 '워드 임베딩(word embedding)'을 수행하고, 숫자로 변환된 텍스트를 토대로 공개된 딥러닝 텍스트 분류 알고리즘을 적용해 영웅소설 유형 분류 모델을 구축했다. 이때 대표적인 사전학습언어모델(Pre-training Language Model)인 BERT (bert-base-multilingual-cased)를 활용했고, 이를 통해 서대석, 임성래, 김연호, 안기수의 유형론에 대응하는 총 4개의 영웅소설 유형 분류 모델을 구축했다. 그리고 딥러닝 학습 모델의 문제점을 검증하는 '오차 행렬(confusion matrix)'을 통해 유형 분류의 분류 양상을 각각 살펴보았다.

다음으로 예측 단계에서는 영웅소설 유형 분류 모델을 통해서 각 유형론의 연구대상에 포함되지 않은 영웅소설 작품들이 실제 어느 유형에 속하는지를 판별했다. 이를 위해 먼저 학습 데이터를 제외한 영웅소설 작품들의 텍스트 데이터를 구축하고 학습 데이터와 마찬가지의 방식으로 정제했다. 이후 영웅소설 유형 분류 모델을 통해 숫자로 변환된 텍스트의 유형을 예측하고 그 결과를 토대로 유형론의 확장 가능성을 검토했다.

결과적으로 서대석의 유형론 기반 모델(이하 서대석 모델)은 약 92%, 안기수의 유형론 기반 모델(이하 안기수 모델)은 약 91%, 김연호와 임성래의 유형론 기반 모델(이하 각각 김연호 모델, 임성래 모델)은 약 84%의 비교적 높은 정확도를 보여 준다. 딥러닝 소설 유형 분류 모델이 각 유형론에서 제시하고 있는 분류 기준과 해당 작품을 학습한 것이라는 점에서, 이 결과는 직관적 추론에 근거한 기존의 인문학적 유형 연구의 정확도가 그만큼 높다는 것을 의미한다.

딥러닝 분석을 통한 영웅소설 유형론 재고

서대석, 임성래, 김연호, 안기수 모델은 각 유형론에서 언급한 영웅소설 작품을 학습한 딥러닝 소설 분류 모델이다. 각 모델은 학습 데이터를 제외한 텍스트 데이터의 소설 유형을 예측해 영웅소설 유형론을 검토했다.

먼저 '서대석 모델'은 서대석의 유형론을 기반으로 10종의 작품을 소대성전 유형, 유충렬전 유형, 장백전 유형으로 분류해 학습시킨 것이다. '서대석 모델'은 약 92%라는 매우 높은 정확도(accuracy, 전체 중 모델이 바르게 분류한 비율)를 보여 준다.

그림 5-1은 '서대석 모델'의 오차 행렬인데, 오차 행렬은 학습 모델의 예측 성능을 측정하기 위해 실제값(actual)과 예측값(prediction)을 비교해 도표로 나타낸

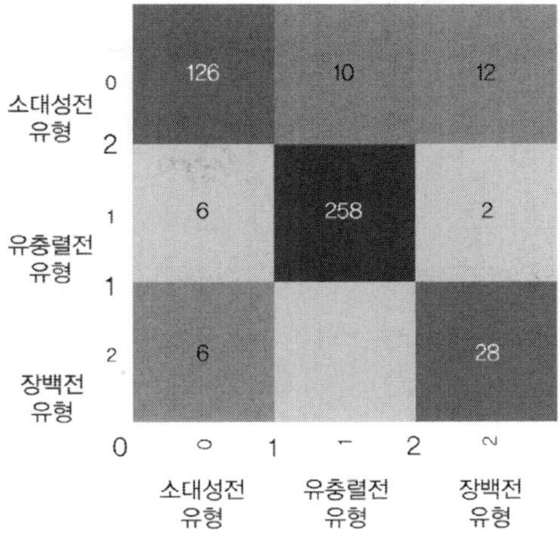

그림 5-1. '서대석 모델' 오차 행렬

것이다. 그림 5-1에서 소대성전 유형의 실제값은 148개인데 서대석 모델이 예측한 결과는 소대성전 유형 예측값 126개, 유충렬전 유형 예측값 10개, 장백전 유형 예측값 12개이고, 이에 따라 서대석 모델 소대성전 유형의 재현도(recall)는 약 85.1%(126/148×100)이다. 그런데 서대석 모델은 실제 소대성전 유형 126개, 실제 유충렬전 유형 6개, 실제 장백전 유형 6개를 소대성전 유형으로 예측했고, 이에 따라 서대석 모델 소대성전 유형의 정밀도(precision)는 약 91.3%(126/138×100)이다. 이렇게 재

표 5-1. '서대석 모델' 정확도 및 f1-score

구분	학습 데이터(10종)	f1-score
소대성전 유형	소대성전, 소대성전(완), 장풍운전, 금방울전, 현수문전	88
유충렬전 유형	유충렬전(완), 조웅전, 조웅전(완), 황운전	97
장백전 유형	장백전	74
정확도		92%

현도와 정밀도가 차이를 보이는 것은 각 유형마다 데이터 수가 불균형적이기 때문이다. 표 5-1의 f1-score는 이와 같이 각 유형의 데이터 수가 불균형적일 때 분류 모델의 성능을 평가하는 지표로, 재현도와 정밀도의 조화 평균값이다.

서대석 모델을 활용해 16편 19종(경판 15종, 완판 4종)의 작품에 대한 유형을 예측한 결과 8편 9종(경판 7종, 완판 2종)은 소대성전 유형으로 예측되고, 10종(경판 8종, 완판 2종)은 유충렬전 유형으로 구분되었으며, 장백전 유형으로는 한 작품도 분류되지 않았다. 이러한 결과는 장백전 유형의 f1-score가 74%로 다른 유형에 비해서 매우 낮은 것으로도 나타나는데, 이는 소수의 제한된 작품만을 갖는 장백전 유형의 폐쇄성을 나타내는 것으로 파악된다.

표 5-2. '서대석 모델'을 활용한 영웅소설 유형 예측결과

작품명	예측 결과	작품명	예측 결과
구운몽	소대성전 유형	용문전(완)	소대성전 유형
구운몽(완)	유충렬전 유형	월왕전	소대성전 유형
김원전	소대성전 유형	이대봉전(완)	유충렬전 유형
백학선전	유충렬전 유형	임장군전	유충렬전 유형
숙향전	소대성전 유형	장경전	유충렬전 유형
쌍주기연	소대성전 유형	전우치전	유충렬전 유형
양산백전	유충렬전 유형	정수정전	소대성전 유형
양풍전	유충렬전 유형	홍길동전	소대성전 유형
옥주호연	유충렬전 유형	홍길동전(완)	소대성전 유형
용문전	유충렬전 유형		

또한 경판, 완판 데이터가 모두 존재하는 〈구운몽〉, 〈용문전〉, 〈홍길동전〉 등의 예측 양상이 판본에 따라 달리 나타나는데, 이는 서대석 모델의 딥러닝 분석 기준에 경판과 완판의 전반적인 차이, 작품별 판본 간 차이, 작품 간 차이 등이 반영되어 있음을 나타낸다. 즉 영웅소설 유형 분류가 판본별 분류가 아닌 작품별 분류라는 점에서 분류 기준 및 학습 데이터의 타당성에 대한 문제가 제기될 수 있는 것이다.

다음으로 안기수 모델은 안기수의 유형론을 기반으로 애정성취 욕망, 가문의식 욕망, 이상적 이데올로기의 욕망을 기준으로 14종의 데이터를 학습한 모델이다. '서대

표 5-3. '안기수 모델' 정확도 및 f1-score

구분	학습데이터(14종)	f1-score
가문의식 욕망	소대성전, 소대성전(완), 금방울전, 장풍운전, 현수문전	91
이상적 이데올로기 욕망	유충렬전(완), 조웅전, 조웅전(완), 황운전, 이대봉전(완)	94
애정성취 욕망	양산백전, 백학선전, 쌍주기연, 옥주호연	85
정확도		91%

석 모델'보다 1% 낮은 91%의 정확도를 보여 주는데, 각 하위 유형 간 f1-score는 '서대석 모델'보다는 균형적인 결과를 보여 준다.

'안기수 모델'을 통해 12편 15종(경판 12종, 완판 3종)의 영웅소설에 대한 유형을 예측한 결과 9편 10종(경판 8종, 완판 2종)은 가문의식 욕망의 유형으로, 4편 4종(경판 3종, 완판 1종)은 이상적 이데올로기 욕망의 유형으로, 1편 1종(경판 1종, 〈정수정전〉)은 애정성취 욕망의 유형으로 예측했다. 여기에서는 애정성취 욕망 유형으로 한 작품밖에 분류되지 않았지만, 세 유형 모두를 예측했다는 점은 '안기수 모델'이 연구 대상을 넘어서 영웅소설 전반에 확장적으로 적용될 가능성을 보여 준다고도 할 수 있다.

표 5-4. '안기수 모델'을 활용한 영웅소설 유형 예측 결과

작품명	예측결과	작품명	예측결과
구운몽	가문의식 욕망	임장군전	가문의식 욕망
구운몽(완)	이상적 이데올로기 욕망	장경전	가문의식 욕망
김원전	가문의식 욕망	장백전	가문의식 욕망
숙향전	가문의식 욕망	전우치전	이상적 이데올로기 욕망
양풍전	이상적 이데올로기 욕망	정수정전	애정성취 욕망
용문전	이상적 이데올로기 욕망	홍길동전	가문의식 욕망
용문전(완)	가문의식 욕망	홍길동전(완)	가문의식 욕망
월왕전	가문의식 욕망		

하지만 '안기수 모델' 역시 앞선 '서대석 모델'과 마찬가지로 동일한 작품이 경판과 완판의 차이에 따라 서로 다른 유형으로 예측된다는 점에서 분류 기준 및 학습 데이터의 타당성에 대한 문제가 제기될 수 있다.

'김연호 모델'은 김연호의 유형론을 기반으로 18종의 데이터를 '소대성전 유형, 백학선전 유형, 금방울전 유형'으로 학습시켜 구축한 것이다. '김연호 모델'의 정확도는 약 84%로 '서대석 모델', '안기수 모델'보다 비교적 낮은 수치를 보여 준다. 이러한 결과는 김연호 유형론의 하위 유형 간 불균형에서 비롯된 것으로 파악된다.

표 5-5. '김연호 모델' 정확도 및 f1-score

구분	학습데이터(18종)	f1-score
소대성전 유형	소대성전, 소대성전(완), 장풍운전, 쌍주기연, 장경전, 조웅전, 조웅전(완), 현수문전, 유충렬전(완)	90
백학선전 유형	백학선전, 이대봉전(완), 황운전, 정수정전, 용문전, 용문전(완)	81
금방울전 유형	금방울전, 장백전 김홍전, 옥주호연	59
정확도		84%

이는 각 하위 유형의 f1-score를 보면 알 수 있는데, 소대성전 유형은 90%라는 높은 수치를 보여 주지만 금방울전 유형은 59%라는 매우 낮은 수치를 보여 주는 것이다. 이러한 하위 유형 간의 불균형으로 인해 '김연호 모델'은 9편 11종(경판 9종, 완판 2종) 영웅소설을 모두 소대성전 유형으로 예측하는 것으로 파악된다. '김연호 모델'의 유형 간 불균형성은 당연히 학습한 데이터 양적 차이를 반영하며, 소대성전 유형이 다른 유형에 비해서 그 범위가 포괄적임을 나타내는 것이다. '김연호 모델'에서 딥러닝으로 학습한 소대성전 유형의 데이터 수는 다른 유형에 비해 비교적 많은 편이다. 이러한 데이터의 편중성으로 인해서 '김연호 모델'은 소대성전 유형의 경우 비교적 높은 정확도를 보여 주지만, 그와 반비례해 백학선

표 5-6. '김연호 모델'을 활용한 영웅소설 유형 예측 결과

작품명	예측결과	작품명	예측결과
구운몽	소대성전 유형	월왕전	소대성전 유형
구운몽(완)	소대성전 유형	임장군전	소대성전 유형
김원전	소대성전 유형	전우치전	소대성전 유형
숙향전	소대성전 유형	홍길동전	소대성전 유형
양산백전	소대성전 유형	홍길동전(완)	소대성전 유형
양풍전	소대성전 유형		

전 유형과 금방울전 유형의 인식 정확도가 떨어지는 것이다.

마지막으로 '임성래 모델'은 21종의 학습 데이터를 능력본위형, 인륜수호형, 애정성취형, 체제개혁형의 4가지로 분류해 학습시킨 것이다. '임성래 모델'이 보여 주는 정확도 84%는 다른 모델과 달리 4분류 예측 정확도라는 점에서 결코 낮다고 볼 수 없다.

'임성래 모델'로 유형을 예측한 7편 8종(경판 7종, 완판 1종)의 영웅소설은 경판 〈양산백전〉만이 애정성취형으로 분류되고, 나머지는 모두 능력본위형으로 분류된다. f1-score가 인륜수호형이 제일 높음에도 불구하고 하나도 예측되지 않는 것이다.

표 5-7. '임성래 모델' 정확도 및 f1-score

구분	학습데이터(21종)	f1-score
능력본위형	금방울전, 쌍주기연, 소대성전, 소대성전(완), 장경전, 장풍운전, 현수문전	85
인륜수호형	김홍전, 양풍전, 유충렬전(완), 조웅전, 조웅전(완)	87
애정성취형	백학선전, 용문전, 용문전(완), 이대봉전(완), 정수정전, 황운전	84
체제개혁형	옥주호연, 장백전 홍길동전, 홍길동전(완)	81
정확도		84%

표 5-8. '임성래 모델'을 활용한 영웅소설 유형 예측결과

작품명	예측결과	작품명	예측결과
구운몽	능력본위형	양산백전	애정성취형
구운몽(완)	능력본위형	월왕전	능력본위형
김원전	능력본위형	임장군전	능력본위형
숙향전	능력본위형	전우치전	능력본위형

이러한 결과의 원인은 '임성래 모델'의 정확도에서 찾을 수도 있고, 예측 대상 작품의 개수가 적은 것에서 찾을 수도 있다. 현재 분석 결과만을 볼 때 '임성래 모델'은 영웅소설 전반에 확장해 적용할 가능성을 논하기는 어렵지만 예측할 영웅소설 텍스트 데이터가 충분히 확보된다면 그 가능성을 다시 논의할 여지가 있다.

표 5-9. '임성래-변형 모델'의 정확도 및 f1-score

구분	학습데이터(17종)	f1-score
능력본위형	금방울전, 쌍주기연, 소대성전, 소대성전(완), 장경전, 장풍운전, 현수문전	89
인류수호형	김홍전, 양풍전, 유충렬전(완), 조웅전, 조웅전(완)	91
애정성취형	백학선전, 용문전, 용문전(완), 이대봉전(완), 정수정전, 황운전	88
정확도		89%

이상의 내용을 종합한 결과 하위 유형 3분류 이상의 효용성과 확장성을 갖춘 유의미한 모델은 '안기수 모델'과 '임성래 모델'이라고 할 수 있다. 그런데 서대석 유형론의 장백전 유형, 김연호 유형론의 금방울전 유형, 임성래 유형론의 체제개혁형은 타 하위 유형에 비해 폐쇄성이 강해 하나의 유형으로 정립되기 어렵다는 문제가 있다(김현양, 1994). 그리고 '안기수 모델'의 분류 기준에는 경판과 완판의 판본별 성격 차이가 조금 강하게 적용되고 있다.

따라서 여기에서는 체제개혁형을 제외한 3분류 체계의 '임성래-변형 모델'을 새로 구축해 영웅소설 유형 분류 모델로 제안한다. 체제개혁형을 제외한 '임성래-변형 모델'은 판본별 성격 차이보다 작품별 성격 차이를 잘 반영하고 있고, 정확도도 89%로 높아졌으며, 세 하위 유형 간 균형적인 f1-score를 보여 주기 때문이다.

참고문헌

강우규(2022). 딥러닝 분석을 통한 영웅소설의 유형론 재고찰. ≪우리문학연구≫, 75집, 7~41.

강우규 · 김바로(2020). 딥러닝을 활용한 경판 방각본 소설의 유형 고찰－영웅소설과 애정소설 유형을 중심으로. ≪국제어문≫, 84집, 9~35.

김연호(1992). 영웅소설의 유형과 변모에 관한 연구. 고려대학교 박사학위논문.

김현양(1994). 조선조 후기의 군담소설 연구. 연세대학교 박사학위논문.

서대석(2008). 『군담소설의 구조와 배경』. 제이앤씨.

안기수(1995). 영웅 소설 연구: 유형과 서사성을 중심으로. 중앙대학교 박사학위논문.

임성래(1990). 『영웅소설의 유형 연구』. 태학사.

조동일(1977). 『한국 소설의 이론』, 지식산업사.

06
고전소설과 디지털 감정분석

상관분석, 계층분석, 딥러닝 등의 디지털 언어분석은 기본적으로 표상체를 통해 텍스트의 문체를 분석하는 것이다. 최근 디지털 언어분석 중에서도 표상체만이 아닌 해석체까지 분석을 시도하는 분야가 등장했는데, 그것은 디지털 감정분석이다. 디지털 감정분석은 텍스트의 표상체와 디지털 감정사전 또는 감정 데이터셋이라는 해석체를 상호 연결해 대상 텍스트를 분석하고 해석하는 방법이다.

디지털 감정분석의 필요성

감정은 신체 경험에 기초하기 때문에 문화나 언어와 관련 없이 기본 감정(또는 보편 감정)이 존재한다는 견해와 기본 감정이란 존재하지 않고 사회문화적 환경과 맥락에 따른 다양성만이 존재한다는 정반대의 견해가 있다. 감정의 보편성과 문화성으로 표현할 수 있는 두 견해 사이에는 서로 맞닿아 있는 경계의 영역이 존재한다. 이는 감정의 보편성과 문화성이 종류의 구분이 아니라 정도의 구분이며, 기본 감정이 존재하든 존재하지 않든 감정을 유형적 범주로 분석할 수 있다는 것을 의미한다. 이렇게 감정을 유형적 범주로 분석할 수 있다는 것은 딥러닝 기술을 활용한 감정분석이 타당성을 확보할 수 있음을 의미한다.

고전소설의 감정 연구는 대체로 작품 속 인물의 발화나 행동, 서술자의 발화 등을 바탕으로 한 연구자의 직관적인 추론에 의존해 왔다. 따라서 감정 연구는 방대한 분량만큼이나 많은 연구 시간을 요구하고, 그 과정에서 분석의 자의성이나 비일관성의 문제가 발생할 가능성이 존재한다. 또 하나의 작품에 나타난 감정 연구의 일관된 기준을 수립한다고 해도, 작품마다 나타나는 감정의 양상이 다르기에 동일한 기준을 다른 작품에 적용하기가 어렵다는 문제가 제기된다.

또 기존의 감정 연구는 작품에 표출된 감정의 전체적인 양상을 분석하는 것이 아니라, 기쁨이나 슬픔, 사랑과 같은 특정 감정에 주목한다. 하지만 인간의 모든 감정이 각자 합당한 이유가 있어서 진화한 것과 마찬가지로, 작품에 내재한 모든 감정 역시 합당한 이유가 있어서 배치된 것이므로 전체적인 양상을 분석할 필요가 있다.

디지털 감정분석은 이러한 직관적인 감정 추론의 문제들을 보완하고, 일관된 기준을 토대로 수많은 고전소설을 분석할 수 있다는 장점이 있다.

고전소설의 디지털 감정분석 프로세스

고전소설의 디지털 감정분석 과정은 고전소설을 컴퓨터가 읽을 수 있는 텍스트 데이터로 설계해 구축하는 것부터 시작해서 감정 데이터를 통해 딥러닝 감정 식별 모델을 구축하는 것, 이 모델로 고전소설의 감정을 자동으로 식별하는 것으로 이루어진다.

디지털 감정분석은 어떤 어휘, 문장 등에 대해 사람들이 어떠한 감정을 느끼는가에 대한 수많은 개별 데이터를 집약해서 만든 감정 데이터라는 의미망을 통해 대상 텍스트를 분석하고 해석하는 방법이다. 따라서 '감정 데이터'라는 의미망(또는 해석체)이 존재해야만 한다. 그런데 2021년 이전에는 여러 가지 감정을 라벨링한 한국어 기반의 감정 데이터가 공개되지 않았다. 2021년 이후에야 'KETI R&D 데이터', 'AIHUB 개방 데이터', 'KOTE (Korean Online That-gul Emotions) Dataset' 등 현대 한국어 기반 감정 데이터셋이 구축되어 공개되면서 한국어 기반의 딥러닝 감정 식별 모델을 구축할 수 있게 되었다.

여기에서는 'KOTE Dataset'으로 딥러닝 감정 식별 모델을 구축하고 고전소설의 감정을 식별한 사례를 살펴본다. 'KOTE Dataset'은 다양한 플랫폼에서 수집한 50,000개의 댓글을 44가지 감정으로 식별한 데이터셋으로, 한 댓글당 5명이 감정을 식별해 총합 25만 개의 감정 데이터를 구축했다. 이를 통해 구축한 딥러닝 감정식별 모델로 고전소설의 감정을 식별한 결과는 다음 표 6-1, 6-2와 같다.

이렇게 구축한 고전소설의 감정 데이터는 작품 전체, 작품의 서사 구조, 인물의 발화, 인물에 대한 발화 등 다양한 시각과 단위를 기준으로 분석해 시각화할 수 있다.

표 6-1. 고전소설 텍스트 예시

ID	text
4240	"이 몸이 죽어도 어머님과 오라비의 은혜는 갚기 어렵습니다.
4241	참정이 즐거워하지 않으며 말하였다.
4242	"저는 동기(同氣)의 정이 있는데 누이는 어찌 이렇듯 정이 얕습니까?

표 6-2. 고전소설 디지털 감정분석 예시(소수점 이하 두 자리까지만 표기하고 이하 생략함)

ID	감동/감탄	경악	고마움	공포/무서움	귀찮음	기대감	기쁨	깨달음	놀람	당황/난처	부끄러움
4240	0.78	0.02	0.85	0.01	0.01	0.19	0.32	0.33	0.04	0.01	0.02
4241	0.07	0.03	0.03	0.04	0.03	0.04	0.01	0.59	0.05	0.14	0.05
4242	0.12	0.24	0.04	0.01	0.02	0.03	0.02	0.10	0.22	0.61	0.19

ID	부담/안_내킴	불쌍함/연민	불안/걱정	불평/불만	비장함	뿌듯함	서러움	슬픔	신기함/관심	아껴주는	안심/신뢰
4240	0.01	0.20	0.04	0.03	0.34	0.16	0.05	0.34	0.05	0.50	0.48
4241	0.07	0.50	0.32	0.06	0.28	0.01	0.15	0.63	0.04	0.13	0.05
4242	0.06	0.70	0.22	0.68	0.03	0.02	0.31	0.69	0.08	0.22	0.03

ID	안타까움/실망	어이없음	없음	역겨움/징그러움	우쭐댐/무시함	의심/불신	재미없음	절망	존경	죄책감	즐거움/신남
4240	0.14	0.02	0.08	0.02	0.02	0.03	0.01	0.08	0.89	0.03	0.05
4241	0.71	0.07	0.75	0.01	0.04	0.12	0.03	0.30	0.05	0.06	0.01
4242	0.95	0.74	0.02	0.06	0.09	0.14	0.02	0.26	0.08	0.07	0.02

ID	증오/혐오	지긋지긋	짜증	패배/자기혐오	편안/쾌적	한심함	행복	화남/분노	환영/호의	흐뭇함(귀여움/예쁨)	힘듦/지침
4240	0.06	0.02	0.03	0.03	0.10	0.03	0.40	0.09	0.36	0.04	0.06
4241	0.02	0.03	0.04	0.08	0.03	0.08	0.02	0.06	0.03	0.01	0.22
4242	0.14	0.10	0.61	0.09	0.01	0.55	0.02	0.57	0.05	0.06	0.09

디지털 감정분석을 통해 본 고전소설

고전소설 중 삼대록계 국문장편소설은 복수 주인공의 이야기를 결합해 하나의 작품을 구성한다는 공통된 특징을 보여 주는 연작형 고전소설을 말한다. 17세기부터 창작되고 향유되었을 것으로 추정되어 문학사적으로 중요한 위상을 지닌 작품들이지만, 방대한 분량으로 인해서 대중들에게는 잘 알려지지 않은 작품들인데, 현대로 치면 주말 가족 드라마, 일일 드라마와 유사한 성격을 지닌 작품들로, 〈소현성록〉과 〈소씨삼대록〉 연작, 〈유효공선행록〉과 〈유씨삼대록〉 연작, 〈현몽쌍룡기〉와 〈조씨삼대록〉 연작, 〈성현공숙렬기〉와 〈임씨삼대록〉 연작의 네 작품을 말한다.

그림 6-1을 보면 작품의 분량에 따라서 감정의 총량이 달라지기는 하지만 꺾은선그래프의 모양이 전반적으로 유사하게 나타나는 것을 볼 수 있다. 이는 삼대록계 국문장편소설의 유형성을 보여 주는 것이며, 감정이 고전소설의 유형성을 드러내는 중요한 요소임을 나타내는 것으로 이해할 수 있다.

일례로 삼대록계 국문장편소설의 모든 작품에는 '깨달음'의 감정이 매우 자주 등장하는데, 이러한 '깨달음'은 삼대록계 국문장편소설의 수신서적인 성격과 연결되

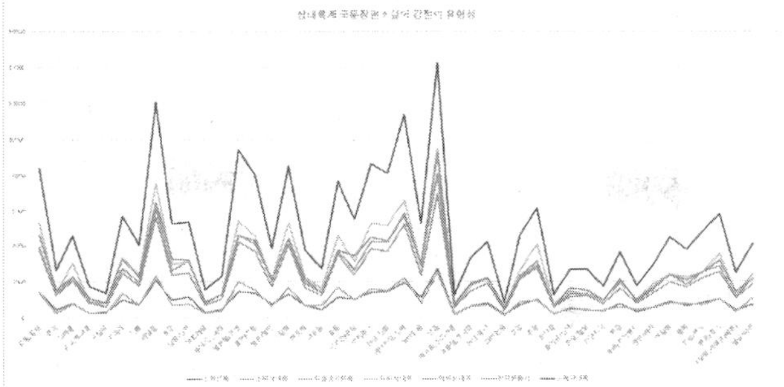

그림 6-1. 삼대록계 국문장편소설의 유형적 감정 양상

는 감정으로 이해할 수 있다(임치균, 2007).

삼대록계 국문장편소설의 유형성은 감정의 전후편을 비교해 보는 것으로도 확인할 수 있다. 그림 6-2는 전편 〈소현성록〉과 후편 〈소씨삼대록〉, 전편 〈현몽쌍룡기〉와 후편 〈조씨삼대록〉의 감정 TOP10의 양상을 비교한 것이다.

〈소현성록〉과 〈소씨삼대록〉의 감정 TOP10을 비교해보면 9개의 감정은 동일한데, 나머지 하나가 전편은 '당황/난처'이고, 후편은 '슬픔'인 것이 다르다. 그리고 TOP10의 순서를 비교해 보면 전편은 '안심/신뢰'가, 후편은 '비장함'이 주목된다. 이는 전편과 후편 주인공의 성격 차이에서 비롯되는 것으로 파악된다. 즉 전편은 주

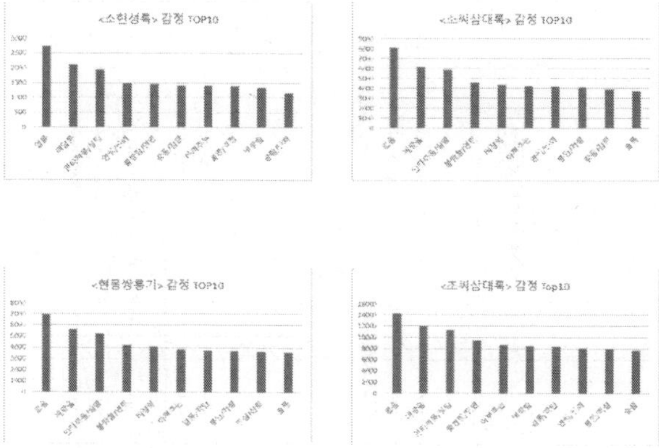

그림 6-2. <소현성록> 연작과 <현몽쌍룡기> 연작 전후편의 감정 양상

인공인 소현성의 군자적 성격으로 인해 '안심/신뢰'의 감정 수치가 상위에 놓이는 것이고, 후편은 주인공들의 감정적인 성격으로 인해 '비장함'의 감정 수치가 상위에 놓이는 것이다. 이러한 전 후편의 차이는 〈현몽쌍룡기〉와 〈조씨삼대록〉의 감정 TOP10 비교를 통해서도 확인할 수 있다. 여기에서 전편은 '비장함'과 '불안/걱정', 후편은 '아껴주는'과 '안심/신뢰'의 감정 순위 변동을 비교할 수 있는 것이다. 이러한 결과는 삼대록계 국문장편소설의

표 6-3. 남주인공에 대한 발화의 감정 top10

순위	소현성	소운성	소운명
1	안타까움/실망	안타까움/실망	안타까움/실망
2	없음	없음	불쌍함/연민
3	깨달음	깨달음	없음
4	불쌍함/연민	비장함	깨달음
5	비장함	불쌍함/연민	비장함
6	불안/걱정	불안/걱정	불안/걱정
7	아껴주는	아껴주는	아껴주는
8	안심/신뢰	화남/분노	한심함
9	슬픔	어이없음	어이없음
10	감동/감탄	한심함	화남/분노

감정 양상이 전편과 후편의 비교가 가능할 정도로 상이하다는 것을 보여 주는 것이다. 전후편 감정의 상이함은 기존 연구에서 밝혀진 국문장편소설이 주인공들의 인물 성격과 그에 따른 서사 유형의 차이에서 비롯되는 것으로 파악된다(강우규, 2013). 이를 확인하기 위해 〈소현성록〉 연작의 남주인공 각각에 대한 발화의 감정 TOP10을 살펴보면 표 6-3과 같다.

표 6-3에서 주목되는 감정은 소현성에 대한 '안심/신뢰', '감동/감탄', 소운성에 대한 '화남/분노', '어이없음', '한심함', 소운명에 대한 '불쌍함/연민', '한심함', '어이없음', '화남/분노' 등이다. 이는 인물의 유형적 성격과 행동의 양상을 보여 주는 것이다. 군자 유형인 소현성에 대

한 주변 인물들의 평가가 안심/신뢰, 감동/감탄의 감정으로 나타나는 것이고, 영웅 유형 소운성과 재자 유형 소운명에 대한 주변 인물들의 평가가 '어이없음', '한심함', '화남/분노'의 감정으로 표출되는 것이기 때문이다. 여기에 작중 인물에 대한 서술자의 평가에 나타난 감정까지 포함해 분석한다면, 인물 성격을 보다 정확하게 포착할 수 있을 것이다.

이상으로 딥러닝을 통해 감정 식별 모델을 구축하고, 이를 활용해 고전소설의 감정을 정량적으로 분석하는 과정과 결과를 살펴보았다. 이러한 방식은 분명한 효용성을 보여 준다. 그러나 현대 한국어 기반의 감정 데이터셋을 바탕으로 감정 식별 모델을 구축하고 현대 한국어로 번역된 고전소설의 감정을 식별했기 때문에, 고전소설 감정 식별의 정확성은 다소 떨어질 수밖에 없다는 한계를 지닌다.

참고문헌

강우규(2013). 삼대록계 국문장편소설 연구. 중앙대학교 박사학위논문.

강우규 · 김바로(2019). 고전소설에 대한 디지털 감정 분석방법론 탐색. ≪동아시아고대학≫, 56집, 349~377.

강우규 · 김바로(2022). 『AI가 내려온다』. 사이언스북스.

임치균(2007). 대장편소설의 수신서적 성격 연구. ≪한국문화연구≫, 13집, 83~111.
정혜경(2019). 고전소설의 감정을 어떻게 읽을 것인가?. ≪한국고전여성문학연구≫, 39집, 5~39.
Duyoung, J., et al..(2022). User Guide for KOTE: Korean Online Comments Emotions Dataset. *Computation and Language*, https://doi.org/10.48550/arXiv.2205.05300
https://github.com/searle-j/KOTE

07
고전소설과 정성적·정량적 감정 데이터 구축

고전소설의 감정 데이터를 구축하는 방법에는 정량적인 방법과 정성적인 방법이 있다. 정량적인 방법은 인공지능의 감정 식별을 활용하는 것이고, 정성적인 방법은 인간이 직접 감정을 식별해 데이터를 구축하는 것이다. 두 가지 방법은 각각의 장단점이 있는데, 두 방법의 장점을 살리고 단점을 보완할 수 있는 융합적 연구 방법을 찾아본다.

고전소설의 감정 데이터 구축

고전소설에서 감정은 텍스트의 개성적 특징과 함께 유형적 특징을 보여 주는 요소로 이해할 수 있다. 따라서 감정의 중요성을 인지하고 고전소설에 나타난 감정의 규칙성이나 기능에 관해 연구하거나, 분노, 투기, 부끄러움과 같은 여성의 특정 감정이나, 남성 인물의 감정에 주목해 연구하는 등 고전소설의 감정에 대한 다양한 논의들이 이루어진 바 있다. 이러한 논의들은 연구자가 직관적으로 특정한 감정이나 특정 인물의 감정을 분석해 그 의미를 파악한다. 따라서 감정 데이터를 따로 구축하지 않았고, 작품에 등장하는 다양한 인물의 다양한 감정에 대한 전체적인 양상은 파악하지 않는다.

연구자의 직관에 의거한 감정 연구는 자의성이나 비일관성의 문제가 제기될 수 있다. 인물의 발화를 통해 표현된 감정 신체 반응 행동이 인물의 실제 감정과 다를 수 있고, 인물의 감정과 다른 주체(서술자)의 감정을 혼동할 위험이 있으며, 연구자의 관점과 감정이 명시적으로나 암묵적으로 개입되면 감정에 대한 오독 가능성이 높아질 수 있기 때문이다(정혜경, 2019). 고전소설의 감정 데이터 구축은 이러한 직관적 감정 추론의 문제를 보완하는 방법이다. 감정 데이터에 기반한 통계 수치를 바탕으로 감정의 객관적 양상을 연구할 수 있기 때문이다.

기존 고전소설 감정 데이터는 감정 데이터셋을 활용한 정량적 방식과 감정 설문을 통한 정성적 방식으로 구축되었다. 먼저 정량적 방식으로 구축한 고전소설 감정 데이터는 2018년 〈소현성록〉을 대상으로 한 감정 데이터를 구축해 연구한 사례에서 찾아볼 수 있다(강우규 · 김바로, 2018). 여기에서는 'NRC 단어-감정 조합 사전(NRC Word-Emotion Association Lexicon, EmoLex)'을 활용해 〈소현성록〉 연작의 문장별 감정을 플루칙의 8가지 감정, 즉 분노(anger), 기대(anticipation), 혐오(disgust), 두려움(fear), 기쁨(joy), 슬픔(sadness), 놀람(surprise), 신뢰(trust)로 식별해 정량적인 감정 데이터를 구축했다.

그런데 'EmoLex'는 영어 기반의 감정 사전이기 때문에, 감정 데이터 구축은 〈소현성록〉의 현대어역을 다시 영어로 번역하는 단계를 거쳐야만 했다. 따라서 이렇게 구축된 정량적 감정 데이터는 감정의 시대적, 문화적 특성으로 인해 정확도가 떨어질 수밖에 없었다. 이는 당시 한국어 기반의 감정 데이터셋이 구축되어 공개된 것이 없었기 때문이었다.

한국어 기반의 멀티라벨 감정 데이터셋은 2021년 이

후 구축되어 공개되기 시작하였다. 이를 기반으로 2022년에는 한국어 기반의 감정 데이터셋을 활용해 고전소설의 감정을 정량적으로 식별한 데이터가 공개되었다(강우규, 2022). 이 데이터는 삼대록계 국문장편소설의 현대어역을 대상으로 'KOTE(Korean Online That-gul Emotions) Dataset'을 활용해 문장별 감정을 44가지 유형으로 식별한 것이다.

정량적 방식은 일관된 기준으로 고전소설의 감정 데이터를 빠르게 구축할 수 있다는 장점이 있지만 감정 식별의 정확도가 떨어진다는 단점이 있다. 이러한 문제의 원인은 몇 가지가 있다. 첫째, 'KOTE Dataset'과 같이 공개된 감정 데이터셋은 문학 텍스트를 기반으로 구축한 것이 아니다. 즉 현대 일상의 감정 양상을 구축한 데이터이기 문학 감정을 정확하게 식별하기 어렵다는 것이다. 둘째, 딥러닝을 통해 감정 데이터를 구축할 수 있는 대상 텍스트가 고전소설의 현대어역일 수밖에 없다. 원문이 아닌 이차 자료를 대상으로 감정을 식별하기 때문에 당연히 정확도가 떨어질 수밖에 없다는 것이다. 근본적으로 정량적 감정 식별은 표면적으로 드러난 감정 어휘와 그 어휘들의 조합을 기반으로 분석되기 때문에 고전소설의 감정을 온전히 파악하기 어렵다는 문제가 있다. 고

표 7-1. <구운몽> 감정 데이터 구축 사례

NO	text	1차 감정 (1~5점 척도)	2차 감정 (1~5점 척도)
32	"대사께서는 산 서쪽, 저는 동쪽에 있어서, 사는 곳이 가깝고 먹고 마시는 곳이 붙어 있습니다.	없음	없음
33	하지만 저희 동네에 일과 걱정거리가 많아 일찍이 대사의 법당으로 가서 좋은 말씀을 듣지 못했습니다.	불안(3)/ 심란(3)/ 죄책(1)	못마땅함 (2)
34	이 때문에 인사도 못 차리고 이웃 노릇도 잘 못했습니다.	죄책(3)/ 심란(1)	미안함(3)

전소설 속 복잡하게 얽혀 있는 감정은 인간관계, 상황, 맥락에 따라 동일한 어휘라도 다른 감정으로 발현될 가능성이 높기 때문이다. 이러한 문제 제기를 해소하는 이상적인 방법은 고전소설 전공자가 직접 고전소설의 감정을 하나하나 식별해 정성적으로 데이터를 구축하는 것이다.

고전소설의 감정 데이터를 정성적으로 구축한 사례로는 〈구운몽〉의 감정 데이터를 들 수 있다(강우규 · 김바로, 2019).

〈구운몽〉 감정 데이터는 〈구운몽〉 현대어역을 대상으로 국문학을 전공한 학생 5명이 24가지 유형의 문장별 감정과 감정 강도(1~5점 척도)를 식별하고, 이를 연구자가 플루칙의 8가지 기본 감정에 근거해 정제한 정성적 감정 데이터다.

이렇게 설문을 통해 감정 데이터를 구축하는 정성적 방식은 정량적 방식과 비교해 감정 데이터의 정확성을 확보할 수 있다는 장점이 있다. 이론적으로 시대적, 문화적 특성을 반영한 감정 데이터의 구축이 가능한 것이다. 하지만 설문 조사를 수행하고 그것을 정제하는 과정에서 많은 시간과 비용이 발생한다는 현실적인 문제가 제기된다.

정성적·정량적 감정 데이터 구축

감정 데이터의 정량적 구축과 정성적 구축은 각각의 장단점이 존재한다. 감정 데이터 구축을 통한 고전소설의 감정 연구의 정확도를 높이기 위해서는 두 방식의 장점을 취하고 단점을 보완할 새로운 방식을 필요로 한다. 적은 시간에 일관된 기준으로, 비교적 정확도가 높은 감정 데이터를 구축할 수 있는 방식이 필요한 것이다.

2024년에 공개된 〈창선감의록〉의 감정 데이터들은 정량적 방식과 정성적 방식의 장점을 살리기 위한 새로운 감정 식별 모델을 마련하는 과정에서 구축되었다(강우규, 2024). 그림 7-1의 프로세스는 '감정분류체계(18분류) 정립', '정성적 감정 데이터를 학습한 딥러닝 감정

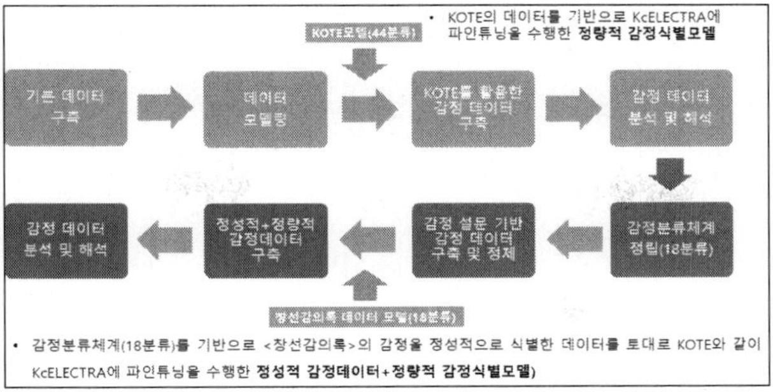

그림 7-1. 고전소설의 정성적·정량적 감정 데이터 구축 과정

식별 모델 구축'의 단계로 구분해 살펴볼 수 있다.

먼저 감정분류체계(18분류)는 KOTE를 통해 44분류 체계의 〈창선감의록〉 정량적 감정 데이터를 구축하고 이에 대해 계층분석 및 상관분석을 수행한 '정량적' 분석과 문학, 철학, 언어학, 심리학 등의 감정 유형 연구에 대한 연구자의 '정성적' 검토를 기반으로 정립되었다.

이러한 감정분류체계(18분류)에 따라 연구자는 〈창섬감의록〉의 문장별 감정 라벨링을 수행해 정성적 감정 데이터를 구축했다. 그리고 18분류와 KOTE 44분류의 상관관계에 따라서 KOTE 데이터셋을 재조정해 새로운 감정식별모델인 창선감의록데이터모델을 구축했다.

창선감의록 데이터모델은 정성적 감정 데이터를 기반

표 7-2. 18분류와 KOTE 44분류의 상관관계

18분류	KOTE 44분류
감동/감사	감동/감탄, 고마움, 존경
기대	기대감, 신기함/관심
기쁨	기쁨, 즐거움/신남, 행복, 뿌듯함, 편안/쾌적
깨달음	깨달음
놀람	놀람
당황/부담	당황/난처, 부담/안_내킴
두려움	공포/무서움, 불안/걱정
분노/혐오	경악, 역겨움/징그러움, 증오/혐오, 화남/분노
불쌍함/연민	불쌍함/연민
불만	불평/불만, 지긋지긋, 짜증, 한심함, 어이없음, 의심/불신
비장함	비장함
수치죄책	부끄러움, 죄책감, 절망, 패배/자기혐오
슬픔	슬픔, 서러움, 힘듦/지침
신뢰/호의	안심/신뢰, 환영/호의
안타까움/실망	안타까움/실망
애정	아껴주는, 흐뭇함(귀여움/예쁨)
없음	없음
우쭐댐/무시함	우쭐댐/무시함

으로 구축한 정량적 감정 식별 모델이다. 고전소설 감정 분석에서 일관성과 신속성이라는 정량적 구축 방식의 장점과 비교적 높은 정확도라는 정성적 구축 방식의 장점을 모두 지닐 수 있는 모델로서, 고전소설의 감정분석 분야의 소규모 대형 언어모델(small Large Language Model, sLLM)과 같은 효과를 낼 수 있을 것이다.

참고문헌

강우규(2022). 국문장편소설의 디지털 큐레이션 방안 고찰 – 디지털 감정분석을 중심으로. ≪한국고전여성문학연구≫, 45집, 29～64.

강우규(2024). 국문장편소설 감정 데이터 모델링의 현실적 방안 고찰. ≪민족문학사연구≫, 84호, 397～432.

강우규 · 김바로(2018). 〈소현성록〉 연작에 나타난 감정의 출현 빈도와 의미 – 컴퓨터를 활용한 통계학적 분석을 바탕으로 –. ≪온지논총≫, 56호, 101～128.

강우규 · 김바로(2019). 고전소설에 대한 디지털 감정 분석방법론 탐색. ≪동아시아고대학≫, 56집, 349～377.

정혜경(2019). 고전소설의 감정을 어떻게 읽을 것인가?. ≪한국고전여성문학연구≫, 39집, 5～39.

Duyoung. J., et al.(2022). User Guide for KOTE: Korean Online Comments Emotions Dataset. *Computation and Language*, https://doi.org/10.48550/arXiv.2205.05300 https://github.com/searle-j/KOTE

08
생성형 AI와 고전소설 연구

생성형 AI 이전에도 인공지능을 활용한 고전소설 연구는 있었다. 컴퓨터, 디지털 분석, 디지털인문학, 인공지능 등의 용어를 포함한 고전소설 연구가 그것이다. 이러한 연구는 2009년에 시작되었고, 2018년부터 본격화되었다. 2022년 11월 챗지피티가 공개되고 2023년부터 생성형 AI를 활용한 고전소설 연구가 시작되었다. 생성형 AI를 활용한 고전소설 연구는 아직 시작 단계에 있다. 하지만 생성형 AI의 발달과 함께 다양한 방법론 역시 개발될 것이다.

디지털인문학과 고전소설 융합연구 경향

2000년대 초반, 디지털 기술이 주목받기 시작한 이후 진행된 고전소설과 디지털인문학의 융합 연구는 '디지털 매체(기술, 콘텐츠)를 활용한 고전소설 교육 연구', '고전소설의 디지털 매체(콘텐츠, 아카이브)로의 전환 연구', '디지털 분석 기술을 활용한 고전소설 연구'의 세 경향을 보여 준다(강우규, 2023). 이러한 세 가지 연구 경향은 2017년 전후로 조금은 다른 양상을 보여준다. 아래의 그림 8-1은 Riss에서 고전소설과 디지털 또는 인공지능의 키워드가 동시에 나타나는 학술논문의 메타 데이터를 구축하여, 2017년 전후를 구분해 빈도 분석을 수행하고 워드 클라우드로 시각화한 것이다.

그림 8-1을 보면, 2016년까지는 영화, 작품, 콘텐츠,

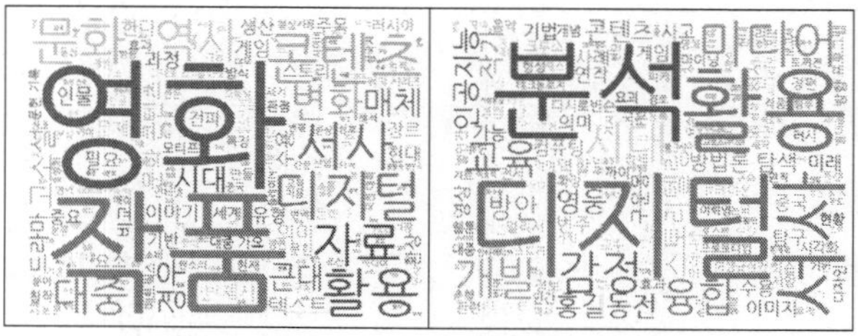

그림 8-1. 고전소설과 디지털인문학 융합연구의 워드 클라우드 분석_2016년까지(왼쪽) VS 2017년부터(오른쪽)

문화, 역사, 변화, 대중, 자료, 매체 등 디지털 콘텐츠와 관련된 키워드들이 부각되는 반면, 2017년부터는 분석이 디지털과 함께 가장 크게 부각되고, 이후 활용, 서사, 감정, 개발, 융합, 미디어, 교육, 인공지능 등의 키워드들이 부각되고 있다. 이를 통해 2016년까지는 고전소설과 디지털 콘텐츠의 관계, 고전소설의 디지털 콘텐츠로의 전환과 관련한 연구가 지배적인 경향을 보여 주었다면, 2017년 이후부터 디지털 기술을 활용해 고전소설을 분석한 연구가 부각되고 있음을 알 수 있다. 이러한 경향은 '디지털인문학'의 정착과 관련이 있다.

2014년에서 2016년 사이 '디지털인문학'은 조금 더 그 개념이 정교해지고 보편화되며, 디지털 아카이빙, 네트워크 분석, 텍스트 마이닝과 같은 새로운 연구들과 함께 재편되었다. 그리고 이 시기를 기준으로 '디지털 시대의 인문학에서 디지털인문학의 시대'로 변모하기 시작했다(이재연, 2018). 고전소설 분야 융합 연구의 경향은 이러한 시대적 변모를 보여 주는 것으로 이해할 수 있다. 2017년 이전 고전소설 분야의 융합 연구는 디지털 시대의 인문학 연구의 경향을 보여 주면서 디지털 기술을 활용한 고전소설 분석 연구는 부각되지 못하다가, 시대의 흐름에 따라서 2017년 이후 두각을 드러낸 것으로 이해할 수 있는 것이다. 이러한 경향은 또한 2016년 알파고 사태 이후 인공지능이 급부상한 것과 무관하지는 않을 것이다. 인공지능에 대한 인문학적 관심이 디지털 인문학과 겹쳐지면서 융합 연구에 대한 기대와 관심이 높아졌고, 그 결과로서 연구 성과들이 도출된 것으로 볼 수 있기 때문이다.

인공지능과 고전소설 연구

인공지능과 고전소설의 융합 연구는 대체로 '디지털 언어분석' 방식을 활용하고 있다. 문학 텍스트가 언어로 이루어져 있다는 점에서 이는 너무나 당연한 결과다. 이러한 연구들은 다시 상관분석, 계층분석, 딥러닝 등을 통해 텍스트의 계량적 문체를 분석하는 '디지털 문체분석' 방식과 디지털 감정사전이나 감정 데이터셋을 활용한 '디지털 감정분석' 방식에 따라서 두 부류로 나누어 볼 수 있다.

먼저 컴퓨터를 활용해 문학 텍스트의 문체를 계량적으로 분석하는 디지털 문체분석 방식은 해외에서는 20세기 중반 이후부터 시작되었지만, 국내 고전문학 영역에서는 2009년에 판소리 사설 〈수궁가〉의 계량적 문체를 분석해 이본들의 계통을 밝힌 연구가 처음이었다(최운호 · 김동건, 2009). 이후 판소리 사설에 대한 디지털 문체분석은 꾸준히 이루어졌다. 고전소설에 대한 디지털 문체분석은 〈토끼전〉 이본들의 원문을 서사단락별로 분절하고 계량적 문체를 분석해 이본 간의 계통을 분류한 연구가 처음이었다(최운호 · 김동건, 2018). 이후 국문장편소설인 〈소현성록〉 연작을 대상으로 상관분석 및 계층분석을 수행해 전후편의 저자를 판별하거나(강우규 · 김바로, 2018a), 이본 간 영향 관계를 파악한 연구(강우규 · 김바로, 2019b), 〈심청전〉 이본의 계통을 파악한 연구(권기성 · 김동건, 2019) 등이 수행되었다. 이외에도 딥러닝을 활용해 영웅소설과 애정소설을 중심으로 경판 방각본 소설의 유형을 식별한 연구(강우규 · 김바로, 2020), 영웅소설 유형론에 따른 딥러닝 유형 분류 모델을 구축해 영웅소설 유형론을 다시 검토하고 새로운 유형 분류 모델을 제안한 연구(강우규, 2022c), 〈홍길동전〉 이본들의 영향 관계를 파악한 연구(강우규, 2022b), 〈흥부전〉의 이본 계통을 유형화한 연구(최운호 · 김동건, 2023) 등이 이루어졌다.

이러한 디지털 문체분석은 문학 텍스트에 출현하는 표상체를 형태소 사전, 띄어쓰기, 문장 부호 등 표상체를 식별할 수 있는 체계를 통해 분석하고, 그 출현 빈도를 정확하게 헤아려서 대상 텍스트의 전체적인 모습을 탐색하는 방식이다. 디지털 문체분석은 문학 텍스트의 표상체에 대한 빈도 수치만을 제시해 줄 뿐이고, 따라서 표상체에 대응하는 해석체, 표상체와 해석체의 관계 등에 대한 분석은 고전문학 전공자 역할로 남아 있다. 이와는 달리 디지털 감정분석은 텍스트의 표상체만이 아니라 해석체까지 분석 대상의 확장을 시도하는 새로운 분석 방식이다(강우규 · 김바로, 2022).

한국 고전문학 연구의 영역에서 디지털 감정분석은 2018년 영어 기반 'NRC 단어-감정 조합 사전(NRC Word-Emotion Association Lexicon, EmoLex)'을 통해 〈소현성록〉 연작의 감정을 분석한 연구에 처음으로 시도되었다(강우규 · 김바로, 2018b). 이후 정성적 감정 데이터를 구축해 〈구운몽〉의 감정을 분석한 연구(강우규 · 김바로, 2019a), KOTE 감정 데이터셋을 활용해 삼대록계 국문장편소설의 감정을 정량적으로 분석한 연구(강우규, 2022a), 〈심청전〉의 감정 데이터를 구축하고 분석해 감정이 작품의 정형성과 독자성을 확보하는 기제라고 파악한 연구(이승은 · 신호림, 2023), 〈창선감의록〉의 정성적, 정량적 감정 데이터를 구축하고 분석해 국문장편소설에 적용할 수 있는 새로운 감정 분류 체계를 제안한 연구(강우규, 2024) 등이 수행되었다.

이러한 고전소설 분야 연구 외에도 시조, 판소리, 설화, 한문학 등 다양한 고전문학 분야의 연구 영역에서 디지털 기술을 활용해 문학 텍스트를 분석하는 연구가 축적되고 있다. 이를 통해 생소하기만 했던 인공지능, 디지털 분석 기술이 고전문학을 연구하는 방법론의 하나로 자리매김하기 시작했다. 생성형 AI를 활용하는 고전소설 연구는 이러한 융합 연구 흐름의 연장선에 있는 최신의 경향으로, 이제 막 걸음마를 떼는 단계에 있다.

생성형 AI를 활용한 고전소설 연구

고전소설 연구에서 생성형 AI를 가장 효율적으로 활용할 수 있는 영역은 논문의 영문 초록 작성일 것이다. 생성형 AI는 매우 유능한 번역가의 역할을 해 주기 때문이다. 다만 한국어를 영어로 번역하는 것 자체는 논문 작성을 보조하는 것일 뿐, 연구방법론이라고 보기는 어렵다.

고전소설 연구에서 한영 번역 외에 생성형 AI를 활용하는 것은 이제 막 시작하는 단계에 있다. 생성형 AI를 활용한 고전소설 연구는 2023년에 게재된 2편의 학술논문을 찾아볼 수 있는데, 모두 챗지피티를 활용해 고전소설을 연구하는 방법을 모색했다.

하나는 챗지피티의 코딩 능력에 주목했다. 챗지피티의 코딩 능력에 주목해 이미 공개된 코드를 활용해 고전서사를 연구하는 방법을 모색한 것이다(강우규, 2023).

대다수의 고전소설 연구자는 디지털 분석을 활용할 수 있는 분석 코드를 직접 작성하지 못한다. 그렇기에 디지털인문학 또는 공학 연구자와의 협업을 통해서 융합연구를 수행하고는 한다. 이러한 융합 연구가 누적되면서 다행스럽게도 고전소설을 분석하는 다양한 코드와 데이터들이 공개되고 있다. 하지만 고전소설 연구자가 공개된 분석 코드를 곧바로 활용하기는 어렵다. 시간이 지나면서 코드가 변경되어 기존 코드에 오류가 발생하는 경우도 있고, 파이썬 기반의 코드를 활용할 수 없는 경우도 존재한다.

챗지피티와 같은 생성형 AI는 이러한 문제를 해결할 방법이 될 수 있다. 생성형 AI를 활용하면 기존 분석 코드를 수정해 작성할 수 있는 것이다. 최근 구글 colab에는 생성형 AI 기능이 추가되었고, 이를 통해 챗지피티를 사용하는 것보다 간편하게 코드를 작성하고 수정하는 것이 가능해졌다.

챗지피티를 활용한 또다른 고전소설 연구 사례에서는 챗지피티에게 고전소설의 감정을 분석하게 했다(이승은, 2023). 그 결과 챗지피티가 다른 감정 분석 모델에 비해 작품에 드러난 감정을 잘 설명하는 것처럼 보이지만, 아직은 앞뒤에 주어진 맥락 정보를 활용해 문장을 재구성하는 데에 그치고 있다고 판단했다. 그럼에도 생성형 AI는 세 가지 측면에서 고전 서사 연구의 보조 도구, 논문 작성의 보조 도구로서 유용하게 활용될 것으로 진단했다.

첫째는 선행 연구에 대한 요약과 연구 동향의 파악이다. 텍스트 다시 쓰기, 요약 등은 현재 생성형 AI가 가장 잘 수행할 수 있는 작업이기 때문이다. 생성형 AI의 이러한 기능은 DBpia와 같은 논문 검색 사이트에 적용되고 있다.

둘째는 연구 대상에 대한 새로운 시각을 간취할 수 있다는 것이다. 방대한 분량의 데이터 학습을 통해 지금까지 축적된 인간 사유의 결과물을 체계적, 일반적으로 제시해 줌으로써 인간 연구자에게 성찰의 계기를 부여하고, 그것을 통해 새로운 사유를 할 수 있는 가능성이 있다는 것이다.

셋째는 완성된 논문에 대한 형식적 비평을 얻어 논문 수정하는 데 도움을 받을 수 있다는 것이다. 학술지 심사자의 입장에서 보충할 지점 후속 연구가 가능한 지점 등

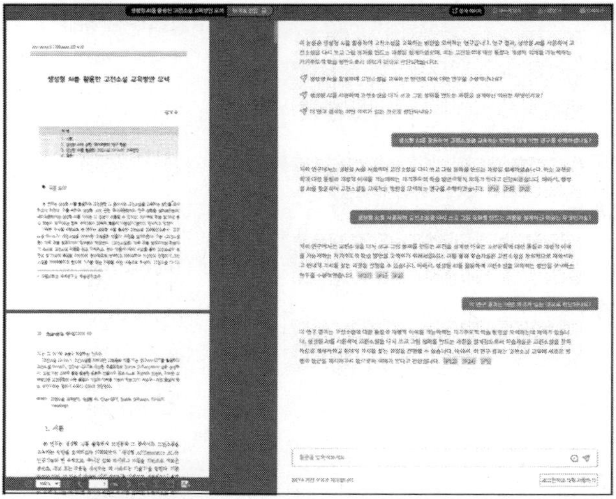

그림 8-2. DBpia의 AI 요약 보기 기능

에 대한 답변을 얻을 수 있는 것이다.

고전소설 연구에서 생성형 AI의 활용은 아직 논문 작성의 보조 도구로 활용하는 정도의 구상에 머물러 있다. 하지만 인공지능 기술이 급속도로 발전함에 따라 연구 방법론으로서 본격적으로 적용될 가능성도 충분하다고 생각된다. 중세 한국어로 된 고전소설을 현대 한국어로 번역하는 연구, 고전소설에 특화된 소형 언어모델(small Large Language Models, sLLM)을 구축하고, 이를 고전소설 연구에 활용하는 연구 등 다양한 연구가 이루어질 수 있을 것이다.

참고문헌

강우규(2022a). 국문장편소설의 디지털 큐레이션 방안 고찰 – 디지털 감정분석을 중심으로. ≪한국고전여성문학연구≫, 45집, 29～64.

강우규(2022b). 디지털 분석기법을 활용한 고전소설의 이본 연구 – 홍길동전을 대상으로 -. ≪어문연구≫, 50권 4호, 221～250.

강우규(2022c). 딥러닝 분석을 통한 영웅소설의 유형론 재고찰. ≪우리문학연구≫, 75집, 7～41.

강우규(2023). 고전문학과 디지털 인문학 융합연구의 경향과 관계 : 고전소설을 중심으로. ≪다문화콘텐츠연구≫, 45집, 7～36.

강우규(2024). 국문장편소설 감정 데이터 모델링의 현실적 방안 고찰. ≪민족문학사연구≫, 84호, 397～432.

강우규 · 김바로(2018a). 소현성록 연작의 문체론적 고찰 – 컴퓨터를 활용한 계층분석을 바탕으로. ≪인문과학연구≫, 59집, 29～46.

강우규 · 김바로(2018b). 〈소현성록〉 연작에 나타난 감정의 출현 빈도와 의미 – 컴퓨터를 활용한 통계학적 분석을 바탕으로 –. ≪온지논총≫, 56호, 101～128.

강우규 · 김바로(2019a). 고전소설에 대한 디지털 감정 분석방법론 탐색. ≪동아시아고대학≫, 56집, 349～377.

강우규 · 김바로(2019b). 계량적 문체 분석을 통한 〈소현성록〉 연작의 변이양상 고찰 – 이대15권본과 규장각21권본을 중심으로. ≪국제어문≫, 80집, 115～135.

강우규 · 김바로(2020). 딥러닝을 활용한 경판 방각본 소설의 유형 고찰-영웅소설과 애정소설 유형을 중심으로. ≪국제어문≫, 84집, 9~35.

강우규 · 김바로(2022). 『AI가 내려온다』. 사이언스북스.

권기성 · 김동건(2019). 컴퓨터 문헌 분석 기법을 활용한 〈심청전〉 계통 분류 연구. ≪판소리연구≫, 47권, 167~205.

이승은(2023). 고전문학 관련 디지털 인문학 연구의 현황과 미래. ≪고전과 해석≫, 39권, 89~126.

이승은 · 신호림(2023). 데이터로 판소리 읽기: 완판본 「심청전」을 대상으로. ≪어문연구≫, 51권 4호, 103~135.

이재연(2018). 디지털 시대의 인문학에서 디지털 인문학 시대로: 한국문학에서 본 디지털 인문학 연구. ≪역사학보≫, 240집, 157~190.

최운호 · 김동건(2009). 군집분석 기법을 이용한 텍스트 계통분석-수궁가 '고고천변' 대목을 대상으로-. ≪인문논총≫, 62집, 203~229.

최운호 · 김동건(2018). 컴퓨터 문헌 분석 기법을 활용한 〈토끼전〉 이본 연구. ≪우리문학연구≫, 58집, 123~154.

최운호 · 김동건(2023). 〈흥부전〉 이본의 내용 유형에 따른 군집 분석 연구. ≪JOURNAL OF PLATFORM TECHNOLOGY≫, 11권 5호, 23~36.

09
챗지피티와 고전소설 교육

국문학계에서 바라본 챗지피티는 학습자의 자기주도 학습이나 과정 중심 학습에 유용한 도구 또는 협력 주체로 파악된다. 고전소설 교육에서도 챗지피티는 학습자가 자기주도적으로 고전소설을 향유하는 경험을 줄 수 있다. 학습자는 챗지피티와의 대화를 통해 고전소설을 다시 쓰면서, 고전소설에 대한 깊이 있는 이해와 현대적 가치를 인식할 수 있는 것이다.

국문학계에서 바라본 챗지피티

2022년 11월 챗지피티가 공개되자 생성형 AI에 대한 대중의 관심이 폭발적으로 증가했다. 국어국문학계에서도 챗지피티에 대한 지속적인 관심이 이어져 해당 주제 관련 학술대회가 꾸준히 개최되었고, 관련 연구도 빠른 속도로 진행되었다.

챗지피티에 대한 국어국문학계의 관심은 주로 글쓰기 및 한국어 교육 또는 시 창작과 비평 및 교육 등의 분야에서 챗지피티를 어떻게 활용할 수 있는지에 대한 활발한 논의들로 이어졌다. 먼저 글쓰기 분야에서는 챗지피티를 글쓰기 과정에 적극 활용하는 교육 방안을 모색하면서 '결과물로서 글'이 아닌 '경험으로서 글쓰기 과정', 즉 과정 중심 학습에 초점을 두고, 학생들이 자기주도적으로 챗지피티를 활용할 수 있는 교육 방안의 필요성을 제기하고 있었다. 한국어 교육 분야에서도 챗지피티가 학습자 맞춤형 학습, 자기주도적 학습 등 학습자 중심의 교육 패러다임에 부합하는 혁신적인 도구가 될 것으로 파악했다. 시 창작 및 비평 분야에서는 일반적인 챗지피티와 이육사, 윤동주 등의 시를 학습한 챗지피티 등의 시 창작 수준이 어느 정도까지 이르렀는지 진단했고, 시 창작 교육에서 유용한 수단이 될 수 있다고 파악했다. 이러한 챗지피티에 대한 국어국문학계의 공통적인 견해는 챗지피티가 학습자의 자기주도 학습이나 과정 중심 학습에 유용한 도구(또는 협력 주체)가 될 수 있다는 것이다. 학습자가 챗지피티에 프롬프트(Prompt)를 입력하고 챗지피티는 프롬프트에 대한 대답을 생성하는 과정에서 학습자는 자기 주도적으로 학습을 통제하고 조절하는 학습 주체가 될 수 있는 것이다.

그런데 챗지피티에 대한 국어국문학계의 지대한 관심과 대조적으로 고전문학 영역에서는 챗지피티에 크게 주목하지 않고 있다. 이는 챗지피티와 고전소설이 언뜻 보면 어울리지 않는 조합이기 때문일 것이다. 챗지피티의 핵심은 뭐니 해도 '생성'에 있는데, 고전소설은 이미 화석화된 텍스트, 지식 습득의 대상으로 인식되는 경향이 강한 것이다.

그런데 고전소설은 과연 화석화된 텍스트로서 지식 습득의 대상일 뿐일까? 이 물음에 고전소설 전공자 대부분은 당연히 아니라고 답한다. 고전소설은 영화, 드라마, 웹툰, 웹소설 등 다양한 매체에서 끊임없이 재해석되어 다시 쓰이는, 현재까지도 통용될 수 있는 보편적 가치를 담은 살아 있는 텍스트로 파악되기 때문이다. 따라서 '다시 쓰기'는 고전소설 연구와 교육의 한 축을 담당하고 있다(강우규, 2023).

챗지피티와 〈춘향전〉 다시쓰기

GPT 3.5 기반의 챗지피티에게 "작가님 〈춘향전〉에 대한 간략한 줄거리를 알려 주세요"라는 프롬프트를 입력했을 때, 챗지피티는 "〈춘향전〉은 조선시대에 살았던 작가 이문재가 쓴 고전소설로, 사랑과 희생을 다루는 이야기입니다. 이 소설은 춘향이라는 소녀와 이번이라는 젊은 남자 사이의 사랑 이야기를 중심으로 전개됩니다. (하략)"라는 대답을 생성했다. 챗지피티는 한국의 대표적 고전소설인 〈춘향전〉에 대해서도 제대로 학습한 바 없어서 그럴듯한 거짓말을 늘어놓는 것이다. 이른바 환각(Hallucination) 현상을 보여 주기 때문에 챗지피티는 고전소설 교육에 유용하지 않다고 여겨질 수 있다. 하지만 이는 고전소설을 지식 습득의 대상으로 교육할 때만 적용되는 견해다. '환각 현상'은 정보 전달의 측면에서는 문제가 있지만, 서사적 측면에서는 허구적 이야기를 생성하는 것이기 때문이다.

챗지피티는 '훌륭한 거짓말쟁이'라는 별명처럼 그럴듯한 거짓말을 만들어 낸다. 이때 '그럴듯한 거짓말'이란 실제 세계와는 충돌하지만, 이야기 내적으로는 완결된

허구를 말한다. 챗지피티의 훌륭한 거짓말을 '개연성 있는 비사실'로 본다면, 챗지피티는 서사의 허구성과 연결되는 지점이 있는 것이다(김지우 · 이명현, 2024). 이렇게 챗지피티가 허구적 이야기를 생성하는 것은 고전소설에 대한 창의적인 재해석, 즉 고전소설 '다시 쓰기'와 연결될 수 있다. 여기에서는 챗지피티를 활용한 고전소설 '다시 쓰기'의 한 사례로서 〈춘향전〉을 초등학생 대상의 동화로 '다시 쓰기'하는 사례를 살펴본다.

챗지피티를 잘 사용하는 유용한 프롬프트 중 하나는 암시를 통해서 챗지피티에게 어떤 역할을 부여하는 것이다. 따라서 〈춘향전〉 다시 쓰기는 챗지피티에게 "너는 동화작가야"라는 페르소나를 부여하는 것으로 시작한다. 그런데 챗지피티는 한국 고전소설에 대해서 제대로 학습한 바가 없어서 인컨텍스트 러닝(in-context learning) 방식을 통해 고전소설을 학습시키는 과정이 필요했다. 즉 〈춘향전〉의 줄거리를 프롬프트에 입력해 챗지피티에게 알려 주는 과정이 필요한 것이다.

이후 〈춘향전〉을 초등학생 대상의 동화로 재해석하는 주제를 제시해 달라고 요청했다. 여기에 대해 챗지피티는 '우정과 협력의 이야기', '가족의 사랑과 결합', '꿈과 열정의 추구', '환경 보호와 자연의 소중함' 등의 변형된

표 9-1. 챗지피티가 제시한 <춘향전> 재해석 구상안

* 제목: "열정의 꽃, 춘향이와 이도령" * 주제: 꿈과 열정을 추구하며 함께 성장하는 두 친구의 이야기 * 배경: 현대 도시의 작은 마을, 환경 보호와 자연을 중요시하는 곳 * 등장인물 1. 춘향이: 밝고 활발한 소녀로, 자연과 동물들을 사랑하며 꿈은 환경 보호 홍보대사가 되는 것이다. 낙천적이고 열정 넘치는 성격. 2. 이도령: 차분하고 침착한 소년으로, 과학과 창의력을 통해 새로운 친환경 에너지를 개발하려는 꿈을 품고 있다. 지적이고 창의적인 성격. * 스토리 전개 1. 춘향이와 이도령은 작은 마을에서 친구로서 자란다. 둘은 각자 다른 분야에서 열정과 꿈을 가지고 있지만, 함께 미래를 꿈꾸는 것을 좋아한다. 2. 마을에서 환경 보호 캠페인이 열리게 되면, 춘향이와 이도령은 함께 참여하고 싶어 한다. 그들은 자연을 사랑하는 마음으로 캠페인을 준비하고 열정적으로 활동한다. 3. 하지만 캠페인을 지원하려는 노력들 중에도 어려움이 있어진다. 춘향이와 이도령은 열심히 노력하지만 실패도 겪게 된다. 4. 그러면서 둘은 서로를 격려하고 함께 문제를 해결하며 자신의 열정을 잃지 않기로 다짐한다. 춘향이와 이도령의 우정은 더욱 깊어지며, 어려움을 이겨낸다. 5. 마침내 마을 사람들의 도움으로 환경 보호 캠페인이 성공하게 된다. 춘향이와 이도령은 자신의 꿈을 이루고 함께 성장한 것을 느끼며 행복해한다. 6. 이 이야기를 통해 아이들에게 꿈과 열정을 추구하는 중요성, 친구와의 협력의 중요성, 환경 보호의 중요성을 전달한다.

주제를 제시했고, 그중 '꿈과 열정의 추구'라는 주제를 선택했다. 선택한 변형 주제에 따라서 제목, 주제, 배경, 등장인물 성격, 스토리 전개 라인 등의 내용을 담은 구상안을 요청했다.

표 9-1은 챗지피티가 처음 제시해 준 〈춘향전〉 재해석 구상안의 내용이다. 이몽룡과 춘향이라는 캐릭터명만 유지될 뿐 〈춘향전〉과 너무 거리가 있어서 챗지피티에게 여러 번에 걸쳐서 구상안을 다시 요청했다. 그 과정에 변학도라는 부정적 인물을 추가하고, 공간 배경을 판타지 마을로 전환할 것 등을 제안하면서 구상안을 수정했다.

이후 수정된 구상안을 토대로 챗지피티에게 챕터별 내용 작성을 요청했다. 챗지피티가 작성한 내용을 수정해 다시 챗지피티에게 제안하는 작업을 반복하면서 동화 내용을 완성했다.

완성한 동화 내용을 토대로 이미지 생성 AI를 활용해 삽화를 만들고, 웹 기반 그래픽 툴을 활용하여 동화책을 제작하는 과정까지 학습한다면, 자신들의 손으로 결과물을 완성했다는 학생들의 뿌듯한 성취감을 끌어낼 수 있을 것이다.

챗지피티와 공동으로 〈춘향전〉을 재해석해 고전 그

림 동화를 만드는 과정과 결과물은 다음의 URL을 통해 확인할 수 있다.

〈춘향전〉 그림동화 다시쓰기 과정
https://drive.google.com/file/d/10issyVnWWRuXmjgCZGzCrFdh-dpOBPcc/view?usp=drive_link
〈춘향전〉 그림동화 다시쓰기 결과
https://www.miricanvas.com/v/12ejbjk

그림 9-1. <춘향전> 그림동화 다시쓰기 결과

챗지피티와 고전소설 다시 쓰기

챗지피티를 활용한 '고전소설 다시 쓰기'는 학생 스스로가 고전소설이 가지는 이야기의 현재성을 발견하고 작품을 재창조하는 적극적인 향유 방식의 하나로 이해할 수 있다. 이를 통해 학습자는 고전소설의 원작을 깊이 이해할 수 있다. 챗지피티를 활용해 고전소설을 다시 쓰는 과정에서 학습자는 고전소설에 대한 심도 있는 이해가 수반되어야 챗지피티를 제대로 활용할 수 있음을 깨닫는다. 고전소설에 대한 이해가 수반될 때 유용한 프롬프트를 입력할 수 있고, 챗지피티의 답변에 대한 판단을 내릴 수 있기 때문이다. 따라서 학습자는 챗지피티를 실행시키기 위해서 고전소설 원작에 대한 깊이 있는 이해를 바탕으로 어떠한 이야기를 만들 것인지 사고하고, 상기하고, 상상하게 된다. 이러한 과정을 통해서 학습자는 자유로운 고전소설 읽기를 경험하면서 고전소설의 현대적 가치를 인식하게 된다. 챗지피티와 주고받는 대화 속에서 학습자들은 원작에 대한 다양하고 적극적인 해석을 경험하게 된다. 학습자는 챗지피티와 일대일로 대응하는 발화쌍을 주고받으면서 상호텍스트적인 서사 세계를 형성하는데, 그 과정에서 자신만의 기대 지평과 세계 인식을 통해 서사 세계를 이해하기 때문에 챗지피티가 제시한 서사를 새롭게 재구성하고 재배열한다. 이를 통해 학습자는 고전소설에 대한 자기주도적인 해석과 현대적 변용의 가능성을 경험하는 것이다(김지우 · 이명현, 2024; 권대훈 외, 2023).

기존 고전소설 교육에서 학생들은 문학 교육의 일방적 수용자에 그치고, 이는 이후 학생들이 고전문학에 느끼는 거리감이나 부정적 인식으로 이어질 수 있었다. 반면 챗지피티를 활용한 '고전소설 다시 쓰기'는 학습자 스스로가 작품을 이해하고 자신의 추론과 상상력으로 고전소설을 재맥락화하는 과정을 제공하기 때문에, 학습자가 고전소설을 주체적으로 탐색하고 의미화하도록 해 학습자 중심의 고전소설 교육을 가능케 한다(김지우 · 이명현, 2021). 즉 생성형 AI를 활용한 '고전소설 다시 쓰기'는 "미래 사회에서 요구되는 미래 교육의 지향점으로 '학습의 주체성'"(노대원 · 홍미선, 2023)을 살리는 과정 중심 학습의 하나로서, 학생들이 자기주도적으로 고전소설을 읽고 이해해 현대적으로 재해석하는 과정을 통해 고전소설의 가치를 인식하는 방안이 될 수 있는 것이다.

챗지피티를 활용한 '고전소설 다시 쓰기'는 고전소설 작품의 문제의식을 계승하고 변형하면서 그것이 지니는 핵심 메시지를 더욱 명료하게 드러내는 문화 콘텐츠의 생성과도 연결되며, 고전소설의 존재 양태를 화석화된 것으로 여기지 않고 계속해서 생동하는 것으로 이야기할 수 있는 장을 마련한다는 점에서도 의의가 있다.

참고문헌

강우규(2023). 생성형 AI를 활용한 고전소설 교육방안 모색. ≪돈암어문학≫, 44집, 35~69.

권대훈 외(2023). Chat GPT를 활용한 고전서사 리텔링 학습 사례 연구-학습자와 Chat GPT의 상호작용을 중심으로-. ≪국제어문≫, 99집, 167~195.

김지우 · 이명현(2021). 챗봇 빌더 기반의 〈홍길동전〉 챗봇 프로토타입 연구 개발, ≪국제어문≫, 88집, 47~81.

김지우 · 이명현(2024). Chat GPT 텍스트 생성의 서사학적 탐색. ≪다문화콘텐츠연구≫, 48집, 7~29.

노대원 · 홍미선(2023). ChatGPT 글쓰기 표절 대응과 교육적 활용 전략. ≪국어교육연구≫, 82집, 71~102.

10
이미지 생성 AI와 고전소설 교육

전통적으로 문학과 회화는 상호텍스트적이고 상호보완적인 관계 속에서 융합적으로 향유되었다. 이미지 생성 AI는 그림에 재능이 없는 학습자라도 스스로 문학과 회화를 융합적으로 이해하고 재창조하는 데 도움을 줄 수 있다. 그 과정에서 학습자는 주도적으로 작품을 해석하고 변용하면서 고전문학 작품에 대한 깊이 있는 이해를 도모할 수 있을 것이다.

문학과 회화의 융합적 향유 전통

문학은 회화를 문자로 표현한 것이고, 회화는 문학을 그림으로 표현한 것이다. 문학과 회화는 별개가 아니라 상호보완적 성격을 지닌다는 것이다. 이와 관련해 중국 북송 시대의 화가 곽희(郭熙, 1023~1085)는 "시는 형태가 없는 그림이요, 그림은 형태가 있는 시다. 앞 시대 아주 뛰어난 사람들 가운데 많은 사람이 이 말을 했으며, 이것은 내가 스승으로 삼는 바다"라고 했다. 시인 소식(蘇軾, 1037~1101)은 〈서마힐남전연우도(書摩詰藍田煙雨圖)〉에서 "왕유의 시를 음미해 보면 시 속에 그림이 있고, 왕유의 그림을 보노라면 그림 속에 시가 있다"라고 평가하기도 했다. 이는 시와 회화의 상호텍스트적인 성격을 이야기한 것이고, 당대의 문인들이 시와 회화를 융합적으로 향유했던 전통을 이야기한 것이다. 시와 회화의 융합적 향유의 전통은 한국, 중국, 일본, 베트남 등 동아시아 한자문화권의 보편적인 속성이었다고 할 수 있고, '화제시(畵題詩)', '제화시(題畵詩)'라고 불리는 고려나 조선 사회의 문인 시화에서도 찾아볼 수 있다.

'화제시'는 시에 의거해서 그림을 그린 것이고, '제화시'는 그림을 제재나 대상으로 하여 시를 지은 것이다. '화제시'와 '제화시'는 회화라는 예술 작품을 향유하는 시인의 입장과 시라는 예술 작품을 향유하는 화가의 입장이라는 차이만 있을 뿐, 감상자의 주도적인 상상력을 바탕으로 시와 회화를 결합해 향유하는 전통을 보여 준다는 점에서 공통된 특징을 지닌다. 시를 주체로 삼아 회화의 요소를 받아들여 시의 경지로 융합해 들어가게 함으로써 시 예술 단독으로 표현하기 어려운 미감을 구현해 낼 수 있고, 회화를 주체로 삼아 시의(詩意)를 받아들임으로써 회화의 창작을 풍부하게 할 수 있는 것이다(김연주, 2001).

문학과 회화의 융합적 향유의 전통은 서사문학의 영역에서도 찾아볼 수 있다. 부처의 생애를 담은 불화(佛畵)들, 〈삼강행실도〉, 〈속삼강행실도〉, 〈이륜행실도〉, 〈동국신속삼강행실도〉, 〈오륜행실도〉 등의 행실도류를 예로 들 수 있다. 이러한 작품들은 대중들의 종교적, 이념적 교화를 목적으로 이야기와 회화를 융합한 것이다. 종교적, 이념적인 목적 외에 고전소설과 회화를 융합해 향유한 대표적인 사례로는 〈구운몽도〉를 들 수 있고, 그 외에도 중국소설 〈삼국지연의〉와 〈수호지〉를 그린 그림, 〈춘향전〉과 〈토끼전〉, 〈심청전〉 등을 그린 그림 등을 통해서 소설과 회화를 융합적으로 향유한 전통을 찾아볼 수 있다(정병설, 2010). 이러한 그림들은 회화의 독법으로 고전소설을 새로 읽음으로써 고전소설의 서사를 주관적으로 해석하고 변용하는 독자 주도적 소설 향유 방식을 보여 주는 것이다.

문학과 회화가 상호텍스트적이고 상호보완적인 관계 속에서 융합적으로 향유되어 온 전통이 시사하는 바는 무엇일까? 고전문학 교육의 측면에서 이는 고전 작품에 대한 학습자의 주도적인 해석에 있다고 판단된다. 작품을 있는 그대로 받아들이는 것이 아니라, 주도적으로 해석하고 변용하는 과정에서 작품에 대해 보다 깊이 있는 이해를 도모할 수 있다는 것이다.

이미지 생성 AI와 고전소설 교육

문학 교육 현장에서 문학과 회화의 융합적 향유는 문학 작품에 대한 입체적 이해를 도모하는 방법이 될 수 있다. 따라서 이전에도 영화나 그림을 활용해 문학을 교육하는 방안에 대한 많은 탐구가 있었던 것이다. 제화시나 화제시, 〈구운몽도〉 등의 향유 사례에서 알 수 있듯이 문학과 회화의 융합적 향유는 고전문학 교육에서도 효과적일 것이다. 그런데 오늘날은 학생들이 작품을 읽고 직접 그림을 그리면서 고전문학을 융합적으로 향유하는 것은 불가능하다.

일단 고전(古典, Classic), 인문주의에 대한 과도한 강조로 인해서 학생들은 고전문학에 대해 낯설고 어려운 분야라는 선입견을 가지는 경우가 많고 고전문학을 이론적으로만 접근하려는 경향이 강하다. 따라서 고전문학이 박제화된 이론 중심의 학적 연구 대상이 아니라 현재까지도 생동감 있게 즐길 수 있는 문학이라는 인식의 변화를 유도해야 한다. 그러기 위해서는 학생 스스로가 고전문학의 현재성을 발견하고 작품을 재창조해 보는 적극적인 향유 방식이 필요하다(이명현, 2006). 이러한 점에서 이미지 생성 AI는 학생 스스로가 작품을 이해하고 재창조하는 적극적인 향유를 도울 수 있는 도구가 될 수 있을 것이다.

물론 인문학을 전공하고, 문학 교육의 현장에 있는 사람들에게 인공지능 기술은 다분히 어렵다고 느껴지는 것이 사실이다. 하지만 최근의 인공지능 기술은 일반 대중들이 누구나 손쉽게 사용할 수 있도록 개발되고 있다. 사용자의 편의성을 강화한 챗지피티가 공개되면서, 초거대 AI 기반의 GPT(Generative Pre-trained Transformer)도 웹상에서 채팅하듯이 사용할 수 있는 것이 대표적인 사례다. 텍스트를 입력해 이미지를 생성하는 AI 또한 사용자 편의성이 강화되어 누구나 쉽게 활용할 수 있도록 서비스되고 있다. 미드저니(Midjourney), 달리 2(DALL-E 2), 딥드림 제너레이터(Deep Dream Generator), 스테이블 디퓨전(Stable Diffusion), 빙 이미지 제너레이터(Bing Image Creator), 레오나르도 AI(Leonardo AI) 등이 그것이다.

이미지 생성 AI를 활용하면 그림에 재능이 없는 학생이라도 스스로 고전 시가의 언어적 이미지를 시각화하거나, 고전소설의 서사적 형상을 주관적으로 변용해 삽화를 제작할 수 있다. 그 과정에서 학생들은 어떠한 프롬프트를 활용해서 이미지를 생성할 수 있을까 고민하면서 스스로 문학 작품을 탐구하는 자기주도적 학습을 수행할 수 있다. 일례로 '시조 시화 만들기', '고전소설 다시 쓰기'와 같은 교육 방안에서 생성형 AI를 활용한 사례를 살펴본다.

먼저 '시조 시화 만들기'는 고전시가 교육에서 학생 스스로가 이미지 생성 AI를 활용해 시화를 만들어 발표하고 토론하는 교육 방식이다. 학생 스스로 시조 작품을 분석하고 시조 작품에 나타난 언어적 이미지를 생성형 AI를 활용해 시각적으로 형상화할 수 있다. 다음 그림 10-1은 원천석의 〈눈 맞아 휘어진 대를〉의 언어적 이미지를 스테이블 디퓨전을 활용해 시각적으로 형상화한 것이다.

그림 10-1. 이미지 생성 AI를 활용한 시화 만들기 사례

이러한 시화를 통해 학생은 "저는 프롬프트로 '눈보라 속에서도 꼿꼿하게 서 있는 대나무(Bamboo standing upright in a snowstorm)'를 입력해 이미지를 생성했습니다. 원천석의 시조 〈눈 맞아 휘어진 대로〉는 눈보라라는 고난 속에서도 꺾이지 않는 대나무의 절개를 상징한다고 생각했기 때문입니다. 눈보라가 휘몰아치는 어두운 시야, 그 속에 흐릿하게 보이지만 꼿꼿하게 서 있는 대나무 형상이 시조 작품의 배경 이미지로 잘 어울린다고 생각합니다" 정도로 자신의 생각을 정리해 발표하는 것이 가능할 것이다. 이를 토대로 학생들은 이미지 생성

AI로 생성한 이미지가 문학 작품의 상징적 의미나 표현 의도에 얼마나 부합하는지 평가하고 토론할 수 있을 것이다.

시를 감상하면서 상상한 언어적 이미지를 이미지 생성 AI를 통해 시각화하고, 이렇게 생성된 이미지를 다시 언어로 포착해 발표하고 토론하는 수업은 언어적 이미지에 대한 상상적 반응의 복합성, 관계성, 허구성을 인지하고 표현하도록 하는 데 효용이 있다고 판단된다. 이미지 생성 AI를 활용한 시 교육이 단순히 새로운 기술에 대한 도구적 관심이 아니고, 독자의 경험 구조, 문학 언어의 특성, 감상 언어의 재현 구조 사이의 간극과 상호 연관성에 대한 문학 교육적 탐구와 연관될 수 있는 것이다(박주형, 2022). 화제시 향유 전통에서 알 수 있는 바와 같이, 사물을 상징화해 시로 언표화한 것을 다시 그림으로 형상화하는 것은 텍스트의 내적 세계를 재현하거나 새로운 의미를 창조하는 예술 활동이 될 수 있다(박주형 · 윤여탁, 2017). 따라서 이미지 생성 AI는 시를 감상하는 과정에서 언표화되기 어려운 반응을 표현하는 매개 수단이자, 동시에 시 교육에서 학생들의 창의성을 신장시킬 수 있는 수단이 될 수 있을 것이다.

다음으로 '고전소설 다시 쓰기'는 '작품 감상 및 이해,

현대 대중 서사와의 비교, 다시 쓰기'의 과정으로 구성한다. 이는 학습자가 직접 작품을 읽고 고전소설에 대한 다양한 선행 연구들을 검토하고 정리하는 작품론적인 접근을 통해 고전소설 작품에 대한 이해를 도모하는 과정, 이러한 이해를 바탕으로 현대의 다양한 대중 서사와 비교해 고전소설 작품의 보편성 및 개성적 특징을 이해하는 과정, 마지막으로 고전소설을 창의적이고 자기주도적으로 재해석해 다시 쓰면서 자신만의 관점에서 고전소설의 현대적 가치를 찾는 과정으로 구성된 것이다. 이 중 다시 쓰기 과정에서 챗지피티와 같은 스테이블 디퓨전과 같은 생성형 AI를 활용한다.

챗지피티는 고전소설을 이야기를 재구성하는 과정과 만들고 싶은 삽화 이미지의 프롬프트를 생성하는 과정에서 활용한다. 스테이블 디퓨전은 삽화 이미지를 생성하거나 수정하는 데 활용한다.

이렇게 생성형 AI를 활용해 고전소설을 재해석하고 이미지를 생성하는 과정에서 학생들은 어떠한 이미지를 생성해야 할 것인지, 그리고 자신이 원하는 이미지를 생성하기 위해서는 어떠한 프롬프트를 입력해야 할 것인지 고민하게 된다. 이러한 고민에는 자연스럽게 공간 배경, 캐릭터의 특징 등 작품에 대한 깊이 있는 이해가 수

반되기에 학생 스스로 문학 작품을 탐구하는 과정으로 이어진다. 서사와 회화라는 질적으로 다른 매체의 텍스트를 병치해 인물을 탐구하는 행위는 강렬한 탐구의 경험을 제공해 문학 작품에 대한 통찰과 개성적 이해를 가능케 하고, 이는 학습자들의 창의성을 계발하고 다양한 사고를 발달시키는 데 도움을 주는데, 이는 또 다른 창작에 긍정적인 영향으로 작용할 수 있다(서명희 · 송미숙, 2021). 즉 고전 서사를 융합적으로 감상하고 현대적으로 재해석하면서, 고전 서사의 원형적 가치를 이해하게 되고, 이를 활용할 수 있는 능력을 기를 수 있는 것이다.

참고문헌

강우규(2023a). 확산모델을 활용한 고전문학 교육의 가능성과 의미 고찰. ≪우리문학연구≫, 78집, 133~162.

강우규(2023b). 생성형 AI를 활용한 고전소설 교육방안 모색. ≪돈암어문학≫, 44집, 35~69.

김연주(2001). 시중유화, 화중유시. ≪미학·예술학연구≫, 14집, 311~340.

박주형(2022). 시교육에서 상상적 반응의 소통 매개에 대한 고찰. ≪문학교육학≫, 76호, 223~256.

박주형 · 윤여탁(2017). 시각화를 통한 문학 텍스트 구체화 교육의 가능성 고찰. ≪국어국문학≫, 179호, 35~87.

서명희 · 송미숙(2021). 춘향 이미지 융합 교육 내용 연구. ≪문학교육학≫, 73호, 149~189.

이명현(2006). 멀티미디어 시대의 고전소설 교육의 모색과 전환. ≪다문화콘텐츠연구≫, 2집, 15~28.
정병설(2010). 『구운몽도』. 문학동네.

강우규

강원대학교 국학연구소 학술연구교수다. 중앙대학교에서 고전문학 전공 “삼대록계 국문장편소설 연구”로 문학박사 학위를 받았다. 중앙대학교 인문콘텐츠연구소에서 인공지능인문학을 연구하며, 고전문학과 디지털인문학을 융합하는 연구를 수행했다(2018~2023). 국제어문학회 총무이사, 우리문학회 편집이사, 중앙어문학회 편집위원, 동아시아고대학회 편집위원 등으로 활동하고 있다. 주요 저서로 『인공지능 데이터해석학』(2024), 『더 나은 AI, 더 나은 삶』(2023), 『포스트 챗GPT』(2023), 『AI가 내려온다』(2022), 『고전서사와 웹툰 스토리텔링』(2021), 『미래는 AI의 것일까?』(2020) 등이 있다. “국문장편소설 데이터 모델링의 현실적 방안 고찰”(2024), “생성형 AI를 활용한 고전소설 교육방안 모색”(2023), “고전문학과 디지털인문학 융합연구의 경향과 관계”(2023), “국문장편소설의 디지털 큐레이션 방안 고찰”(2022), “딥러닝 분석을 통한 영웅소설 유형론 재고찰”(2022), “인공지능 시대 스토리텔링과 이야기 향유방식”(2021) 등 41편 이상의 논문을 KCI에 게재했다.